연령별 영유아 발달 프로파일

발달 레인보우

Gerald Mahoney · Frida Perales 공저 | 김정미 역

학지사

역자 서문

발달 레인보우는 출생부터 약 60개월 사이에 영유아가 일상에서 나타낼 수 있는 행동들을 5개 발달 영역별로 목록화해 놓은 발달 프로파일이다. 발달 레인보우는 아동의 5개 발달 영역(즉, 인지, 언어, 사회, 운동, 적응)을 각 하위 범주로 구분하고 연령을 11단계로 범주화하여 이에 해당하는 항목들을 제시하고 있다. 아동기 발달행동 목록을 내용으로 하는 출판물은 이미 많이 출간되었다. 그러나 발달 레인보우에 포함되어 있는 발달행동은 인지학습적 성취를 목표로 하는 독립적 행동(discrete behavior)이 아닌 이러한 성취를 위해 발달에 근본이 되는 중심축 행동(pivotal behavior)에 초점을 두어 하위 범주를 구분하고 있다는 점에서 차별성을 두고 있다. 이와 같은 중심축 행동은 일상생활의 자연스러운 생활 에피소드(예: 식사하기, 간식 요구하기, 놀이하기, 목욕하기) 중에서 관찰될 수 있는 행동이다. 이들은 아동의 일상에서 관찰되거나 앞으로 일어날 수 있는 행동을 예측하는 데 도움이 될 것이다. 발달 레인보우는 아동의 발달 수준을 11개 연령별 범주로 구분하여 단계별로 제시하였으며, 한 단계의 연령별 발달 범위는 3개월에서 크게는 12개월로 범주화하여 아동발달의 개인차를 고려하였다.

발달 레인보우에서 목록화한 행동들은 교사에게는 놀이 중심적인 평가의 지침을 그리고 부모에게는 일상생활에서 아동의 행동을 발달적 관점으로 관찰할 수 있는 지침을 제공한다. 예를 들면, 교사는 일상적인 또는 일련의 활동에서 아동의 수행을 관찰하거나 시행하면서 발달 레인보우를 활용하여 아동의 현재 발달 수준을 평가해 볼 수 있다. 또한 부모는 일상의 자연스러운 생활 에피소드 중에 자녀의 행동을 관찰하고 더불어 자녀가 앞으로 어떠한 발달을 해 나갈 것인지에 대한 가이드로서 어린 자녀와 상호작용하는 데 지침으로 활용할 수 있다.

한국판 발달 레인보우는 미국판 내용을 충실히 보존하여 번역하고자 하였으나 보다 효율적인 활용을 위해 몇 가지 사항을 수정 · 보완하였다. 먼저, 언어 영역은 문화적 차이를 고려하여 우리나라의 언어 표현 양식과 규칙 그리고 선행 연구를 참고하여 우리나라 발달 범주에 적합하도록 수정 · 보완하여 제시하였다. 또한 이번 한국판 발달 레인보우는 미국판에 비해 형식을 보다 체계적으로 정리하였다. 예를 들면, 미국판과는 달리 각 11단계의 연령 범주별로 각 5개

영역별 범주 항목을 목록화하였다. 그리고 각 5개 영역별 하위 범주의 항목들은 약어와 숫자로 일련의 체계를 가지고 정렬하였다. 이는 다음과 같은 규칙을 가진다.

인지(Cognitive Functioning)발달 프로파일에는 사물 사용(Object use), 변별/연합/분류(Discrimination/Association/Classification), 상징적 표상(Symbolic representation)의 3개 하위 범주가 포함되어 있다. 각 하위 범주의 약어는 인지: 사물 사용(CO), 인지: 변별/연합/분류(CD), 인지: 상징적 표상(CS)이다.

언어/의사소통(Language/Communication) 발달 프로파일은 수용언어(Receptive language), 화용론(Pragmatic functions), 언어 유창성(Lexical forms), 모방(Imitation)의 4개 하위 범주가 포함되어 있다. 각 하위 범주의 약어는 언어/의사소통: 수용언어(LR), 언어/의사소통: 화용론(LP), 언어/의사소통: 언어 유창성(LL), 언어/의사소통: 모방(LI)이다.

사회/정서(Social/Emotional) 발달 프로파일은 관계행동(Relational behavior), 자기인식/표현(Self awareness/Expression), 사회규칙(Social conventions)의 3개 하위 범주로 이루어져 있다. 각 하위 범주의 약어는 사회/정서: 관계행동(SR), 사회/정서: 자기인식/표현(SA), 사회/정서: 사회규칙(SS)이다.

운동(Motor)발달 프로파일은 소근육 운동(Fine motor), 자세/균형(Posture/Balance), 이행 능력(Locomotion), 활동성 운동(Active motion)의 4개 하위 범주로 이루어져 있다. 각 하위 범주의 약어는 운동: 소근육 운동(MF), 운동: 자세/균형(MP), 운동: 이행 능력(ML), 운동: 활동성 운동(MA)이다.

적응(Adaptive)행동 프로파일은 먹기(Eating), 자기관리(Self care), 정리정돈(Clean up), 일상생활(Daily living skills)의 4개 하위 범주로 구성되어 있다. 각 하위 범주의 약어는 적응: 먹기(AE), 적응: 자기관리(AS), 적응: 정리정돈(AC), 적응: 일상생활(AD)이다. 각 발달 영역별 항목은 01부터 순서대로 번호화하여 나열하였는데(예: CO1–01), 이때 번호의 순서에 서열적 의미는 없다.

한국판 발달 레인보우에서는 이와 같이 5개 발달 영역을 기호화하여 일련의 번호로 나열하였으며, 발달 체크리스트를 만들어 각각의 아동별로 발달 상황을 관리하기 편리하도록 표 형식의 프로파일을 추가하였다('부록' 참조).

발달 레인보우는 아동의 현재 발달 수준을 진단하기 위한 진단평가 도구라기보다는 현재 영유아기 아동의 건강한 발달을 제안하는 가이드로서 유용하며, 한편 부모에게는 일상에서 자녀와의 바람직한 상호작용을 유도하는 지침으로서 활용될 수 있을 것이다.

영유아기 발달에서 부모의 영향력은 이미 여러 문헌 및 아동발달 심리학자들에 의해 강조되어 왔다. 특히 일상에서 수없이 반복적으로 일어나는 5분 이내의 짧은 상호작용 에피소드 중 부모나 어른이 어린 아동과 어떻게 바람직한 상호작용을 하느냐에 따라 아동의 사회/정서 발달은 물론 인지학습이나 의사소통 발달에도 많은 영향을 미친다. 또한 이와 같은 영향력은 구조적으로 또는 전문가에 의해 계획적으로 이루어지는 상황에서 보다 크게 작용한다는 것을 부모는 물론 영유아 관련 분야의 전문가들이 반드시 인식해야 할 것이다.

이 발달 레인보우가 영유아기 아동과 관련된 현장가, 교사 및 부모에게 일상의 바람직한 상호작용을 제안하는 지침으로서 도움이 되기를 바란다. 끝으로 발달 레인보우를 한국에서 출판할 수 있도록 허락해 준 Mahoney 교수와, 이번 출판에 애써 주신 학지사 김진환 사장님과 편집부의 노고에 감사 드린다. 그리고 모든 과정을 수관하신 하나님께 감사 드린다.

2010년 5월

역자 김정미

차 례

I 소 개

영유아기 발달 전문가들이 갖추어야 하는 중요한 능력 중 하나는 비형식적인, 즉 자연스러운 상황에서 관찰을 통하여 아동의 발달적 기능을 평가하는 것이다. 이러한 능력은 다음과 같은 사항을 수행하는 데 기초가 된다.

- 발달 서비스가 필요한 아동의 선별 및 규명
- 놀이 중심적 발달평가 수행
- 아동의 행동에 대한 발달적 의미를 부모에게 이해시키고 인식시킴
- 어린 아동에게 적합한 발달 목표와 목적 수립
- 발달 서비스 프로그램을 통한 아동의 발전 사항에 대한 모니터링

발달 레인보우는 0~만 5세 아동에게서 나타날 수 있는 행동을 포괄적으로 목록화하고 자세하게 기술하였다. 본 프로파일에 포함되어 있는 항목들은 이미 출판물로 목록화되어 있는 발달평가 도구와 유아교육과정(또는 보육과정)에서 채택한 것이다. 각 항목은 11단계의 연령 범주별로 인지, 언어/의사소통, 사회/정서, 운동 및 적응의 5개 발달 영역에 대한 아동의 행동을 기술하고 있으며, 각 발달 영역은 더욱더 세분화된 하위행동 목록으로 나누어져 있다. 이것들은 영유아기 아동이 성취해야 하는 중요한 발달적 행동이다.

발달 레인보우에 포함되어 있는 항목은 기존의 검사 형식과 유사하지만, 보다 일관성 있고 유용하게 사용되도록 두 가지 사항을 보완하였다.

첫째, 각 항목은 아동의 자연스러운 일상생활에서 관찰될 수 있는 행동 유형으로 기술되었다.

둘째, 각 항목에 대한 발달연령 범위는 다음의 두 가지 방법으로 결정되었다. 먼저, 각 항목에 대해 보고하는 연령 수준 간에 일관성이 높을 때는 그 항목에 해당하는 연령의 중앙값(median)을 사용한다(예: 어떤 항목에 대해 세 가지 검사에서는 12개월에 그리고 다른 네 번째 검사에서는 18개월에 발생하는 것으로 보고하고 있다면, 발달 레인보우에서는 그 항목을 12개월 연령 범위에 포함시킨다). 다음으로, 어떤 항목에 대해 검사를 실시한 결과,

발달연령의 범위에 일관성이 없을 때는 기술된 행동이 관찰되는 연령(연령 범위)의 평균을 사용한다(예: 만일 세 가지 검사 결과, 어떤 행동에 대해 9개월, 12개월, 15개월 수준으로 나타난다면, 발달 레인보우에서는 세 검사에서 보고한 연령의 평균인 12개월로 제시한다).

본 프로파일에서는 발달의 원리에 관한 다음 세 가지 가정에 근거하고 있다. 이는 ① 아동발달의 일련의 순서, ② 발달의 위계적 특성, ③ 발달 영역 간의 상호 관련성에 관한 것이다.

아동발달은 연속적이며 예측 가능한 일련의 순서로 진행된다

발달 레인보우는 정상적인 발달을 하거나 지연 또는 장애 여부와는 상관없이, 모든 아동은 동일한 일련의 순서로 행동, 기술 및 능력을 획득하여 발달해 간다는 가정하에 만들어졌다. 아동이 말·언어장애, 지적장애, 뇌성마비, 자폐스펙트럼장애 또는 그 밖의 발달 지연이나 발달장애가 있는지 여부에 상관없이, 모든 아동은 전형적인 발달을 보이는 아동과 동일한 일련의 순서와 단계에 따라 발달할 것이라고 가정한다. 다시 말하면, 특정 발달단계(예: 4단계)에서 전형적인 발달을 하는 것으로 보이는 아동은 전 단계의 낮은 발달단계(예: 3단계 또는 그 이하)에 속하는 기능과 행동을 대부분 완수했을 것으로 가정한다. 따라서 아동이 획득해야 할 다음 단계의 행동은 현재 발달 수준에 속하지만, 아직 획득하지 못한 행동이거나 아니면 보다 높은 수준의 발달 기능이다.

이러한 가정이 전적으로 타당하지만, 예외적인 상황도 있다. 아동이 발달행동을 획득하는 순서는 보통 낮은 수준에서 보다 높은 수준으로 발전해 가지만, 어떤 아동은 다음과 같은 세 가지 현상 중 하나 또는 그 이상의 문제를 겪기도 한다.

- 일련의 발달 순서상에서 어떤 특정한 발달기술을 드러내 보이지 않는다(예: 이러한 아동은 1단계에서 2단계 그리고 4단계 행동으로 발전하고 3단계 행동은 하지 않는다).
- 일련의 발달 순서상에서 낮은 수준의 행동은 보이지 않고 높은 수준의 발달기술을 획득한다(예: 기지 않고 걷는다).

- 어떤 기능이나 행동을 획득하는 데 있어서 심각한 지연을 나타내다가 일반적인 아동에 비하면 훨씬 늦은 연령에서 갑작스럽게 정상 발달을 한다(예: 아동은 다른 영역에서는 자신의 연령대에 적합한 발달행동을 보이지만, 단어로 표현하는 영역에서는 심각한 발달 지연을 보일 수 있다. 그러나 이후 뒤늦게(30~42개월) 표현언어 기술을 자신의 현재 연령 수준까지 따라잡는 언어 폭발을 경험하기도 한다).

이러한 예외적인 상황은 발달평가 도구와 교육과정에 따라 특정 발달 능력이 출현하는 연령과 순서가 개인에 따라 다를 수 있다는 점을 설명해 준다. 즉, 세부적인 발달 사항은 다르더라도 아동의 전반적인 발달 상황은 상당히 일관성 있게 나타난다. 예를 들어, 언어 영역을 보면 모든 아동은 비의도적인 비언어적 신호, 의도적인 비언어적 신호나 단어와 유사한 소리 발성의 증가, 초기 단어 말하기, 보다 확장된 단어 획득 그리고 한두 단어 말 조합으로 발전해 간다. 이때 각 발달단계에 포함된 세부 항목은 아동에 따라 다를 수 있지만, 일반적인 발달 진행 순서에는 차이가 없다. 이와 같이 일반적인 발달 순서는 일정하므로 현장가들은 특정 시점에서 아동이 드러내는 행동 유형에 근거하여 아동발달에 대해 신뢰할 만한 판단을 내릴 수 있는 것이다.

아동발달은 위계적으로 조직되어 있다

영유아 발달 프로파일을 개발하는 데 있어서 가장 어려운 문제 중 하나는 생후 첫 5년 동안 발생하는 복잡한 성취를 적합하게 체계화할 수 있는 분류체계를 조직하는 것이다. 영유아기 발달에 대해 보편적으로 적용할 만한 용어는 없으며, 마찬가지로 발달 영역 내에 있는 행동을 분류하고 영역 간의 관련성을 기술하는 일관된 방식 또한 없다. 이와 같은 이유로 인해 지금까지 동일한 발달 현상을 다양한 이름으로 설명하고 있으며, 발달검사와 교육과정을 살펴보면 발달기술과 행동을 분류하는 영역에 관해서도 일관성이 없다.

발달 레인보우에서 사용된 분류체계는 생후 직후부터 아동에게 나타나는 주요 발달은 연계적이라는 가

정에 근거하여 개발되었다. 이는 낮은 수준과 높은 수준의 발달 현상 간에 연속성이 있으며, 영아기 이후에 나타나는 행동은 아동기의 가장 이른 시기에 나타나는 초기 발달에 뒤따르는 것임을 의미한다.

새로운 행동과 기능의 습득으로 설명할 수 있지만, 대부분의 경우 높은 단계의 행동을 습득하는 것은 이전에 획득한 기능과 의도를 더욱 발전시키고, 보다 정교화하도록 돕는다. 예를 들면, 아동은 단어를 습득함으로써 그들이 이미 할 수 있는 의도적인 의사소통과 관찰 능력을 더욱 세련된 방식으로 다듬게 된다.

발달과정의 최종 목표는 아동이 사회 속에서 주도적이고 효과적으로 기능하기 위한 능력과 기능을 획득하는 것이다. 영유아기 아동이 효과적으로 기능해야 할 상황은 일차적으로 가족과 학교다. 이러한 점을 고려하여 발달 레인보우에서는 아동의 발달행동을 분류하는 틀로서 가정과 학교(또는 보육기관) 상황에서 요구되는 주요 생활 사건을 적용하여 조직화하였다. 예를 들면, 변별/연합/분류 그리고 상징적 표상과 같은 목록은 유아교육과정(또는 보육과정)에서 성취해야 할 일차적인 교육 목표다. 마찬가지로, 섭식과 배변 목록은 생의 초기에 부모가 아동에 대해 가지는 주요 관심사다.

발달 레인보우의 위계적 구조는 부모와 교사가 아동에게 흔히 가지는 관심사와 우선순위를 초기 발달행동과 연결시켜 그 흐름을 정의하는 도구로 사용된다. 이는 특히 일차적인 발달행동과 아동이 성취하기를 바라는 좀 더 높은 수준의 발달행동 간에 연관성이 있다는 것을 부모에게 이해시키는 데 유용하게 사용될 것이다. 이러한 정보는 아동의 발달적 향상을 위해 결정적이며, 목표를 성취하는 데 선행 조건이 되는 기능과 행동을 부모에게 지원하고 가치롭게 여기도록 촉진할 것이다.

또한 영역별로 이루어진 조직적 구성은 교사나 치료사들이 교육과정에서 요구하는 내용을 조정하여 발달이 지연된 아동의 능력에 적합한 교육과정을 만드는 데 도움을 주며, 동시에 전반적인 교육과정 목표와도 일치한다. 따라서 만일 4세 아동을 위한 유치원 교육과정에서 아동의 식별기술을 개선시키고자 계획한다면, 교사는 발달 지연 아동이 현재 기능 수준에서 어떻게 식별하는지 판단함으로써 교육과정의 방향을 설정해 나갈 수 있다. 따라서 발달 레인보우는 전형적으로 발달하는 아동과 비교하여 발달 지연 아동의 능력에 맞는 활동과 경험을 규명하는 데 사용될 수 있다.

발달 레인보우의 분류체계는 각 발달 영역이 시작되는 첫 페이지에 도표로 제시되어 있다. 이 프로파일의 위계적 조직은 영유아기 동안 발생할 수 있는 일반적인 성취 내용에 중점을 두어 구성되었다(예: 사물의 기능적 사용, 문제해결, 변별, 분류). 각 항목은 이들의 일반적인 발달 기능과 관련하여 아동이 현재 수행할 수 있는 행동을 반영하고 있다. 일련의 연속적인 발달단계에서 설명하는 행동 간의 차이는 아동이 자신의 세계와 상호작용하는 능력과 이해의 진행과정을 나타내는 것이다.

발달 레인보우의 프로파일에 나열된 항목들이 아동이 특정 발달연령 수준에서 만들어 낼 수 있는 행동을 모두 포함하고 있는 것은 아니다. 그것은 아동이 공통적으로 보이는 행동이거나 또는 각 발달 수준에서 쉽게 나타나는 행동을 제시한 것이다. 예를 들면, '아동이 다른 곳으로 옮겨진 물건을 찾아내기 위해 가리개를 치운다.'와 같은 항목은 12개월의 발달 수준에서 나타날 수 있는 일시 기억과 상징적 표상 능력을 반영하는 것이다. 이러한 행동은 12개월 된 아동의 놀이 상황에서 쉽게 관찰될 뿐만 아니라 이 연령 범위의 아동에게서 일관성 있게 나타나므로 아동의 기억과 표상기술의 발달을 예측하는 데 중요하다.

발달 영역 간에는 상호 관련성이 있다

발달 레인보우는 영역별 발달기술과 능력에 대해 자세히 기술하고 있어서 아동의 기능을 잘 이해할 수 있게 해 주고, 정상 범주의 발달 수준과 비교하여 심각한 발달적 문제의 전조 현상일 수 있는 정상 범주에 있는 발달과의 불일치점을 규명해 준다. 그러나 이 프로파일에서 여러 발달 영역을 분류하기 위해 제시하는 경계선은 임의적이다. 아동발달 연구와 이론에 따르면, 여러 기능 영역은 본래 서로 연계되어 있다. 아동이 사고하는 방식은 아동이 의사소통하는 방식 및 사회화되어 가는 방식과 서로 관련이 있다. 본 프로파일은 단순한 문장으로 표현하여 쉽게 관찰하고 평가할 수 있도록 하였으며, 발달 기능을 분명하게 영역화하여 적용하기에 유용하게 되어 있다. 각 기능 영역은 여러 독특한 특성 또는 특색을 가지고 있지만, 모든 영역에서 공통적으로 강조하는 발달 능력을 반영하고 있다.

아동이 정상 범주의 발달을 한다면, 영역별로 대략 동일한 발달단계를 수행할 것으로 예측할 수 있다. 만일 아동의 인지발달이 3단계 수준(6~9개월)의 기능을 하는 것으로 판단된다면, 아동의 언어, 사회, 운동 및 적응행동 또한 그에 준하는 발달단계에 있을 것으로 기대된다. 그러나 아동의 기능 수준이 영역에 따라 다소 차이가 있게 평가되는 경우도 있다(예: 아동이 언어/의사소통 기능, 사회/정서 기능에서는 3단계 수준으로 평가되지만, 인지 기능에서는 4단계로 평가될 수 있다). 그러나 이러한 차이는 관찰이나 판단의 부정확성에 의해서 일어날 수 있기 때문에, 이처럼 약간의 차이가 나는 것은 정상 범주의 발달 기능 유형으로 간주해야 한다.

특히 주목할 것은 발달 영역 간의 차이가 임상적, 교육적으로 의미가 있는 경우다. 예를 들면, 신경학적 장애를 가진 아동은 하나의 기능 영역에서 심각하게 지연된 발달(예: 5단계)을 나타내지만, 그것은 다른 영역(예: 언어/의사소통 기능 및 사회/정서 기능은 3단계)에 비하면 2~3단계 높은 수준인 경우가 있다. 이러한 경우, 전문가는 아동이 신체적 또는 건강상 합병 증상이 있는지 살펴보기 위해 충분한 의학적 평가를 고려해야 한다. 심각한 언어 지연을 나타내는 아동에 대해 임상적 측면에서 그들의 의사소통 기능 수준이 인지 기능 수준과 동일한지 여부를 살펴보는 것이다. 치료와 예후에 있어서 인지 및 의사소통 발달에서 동일하게 지연된 아동과 의사소통 능력이 인지적 수준보다 상당히 낮은 수준을 나타내는 아동은 매우 다르게 해석될 것이다.

발달 영역별 기능을 분석하는 것은 아동을 위한 교육 서비스나 재활 서비스 계획을 세우는 데 있어서 매우 유용하다. 아동의 발달이 영역별로 동일한 수준을 나타낼 경우, 전문가는 한두 개 발달 영역에 관한 평가 정보에 준하여 발달 레인보우를 적용해 보고, 다른 영역에서는 어떻게 기능할 것인지를 예측할 수 있다. 예를 들면, 언어 및 인지 발달 영역에서 4단계 수준의 기능을 보이는 아동 또는 아동 집단이 있다면, 이 아동은 사회적 기능에서도 동일한 수준으로 기능할 가능성이 크다. 사회/정서 행동이 일반적으로 4단계 수준으로 나타날 때, 교사와 치료사는 이 같은 기능 수준에 맞는 사회화 행동 계획을 세우고, 또 프로그램에서 요구하는 바가 아동의 사회적 능력에 비추어 적합한지를 판단해 볼 수 있다.

Ⅱ 아동발달을 설명하기 위한 조건

발달 레인보우의 이점은 일차적으로 아동의 행동을 자세히 관찰하고 설명할 수 있는 틀을 제시한다는 점이다. 아동발달과 가장 밀접한 관련성을 갖는 것은 아동이 기능하는 방식– 즉, 아동이 사람이나 사물과 상호작용하는 방식, 의사소통하는 방식, 환경을 탐색하는 방식, 다양한 상황에 반응하는 방식– 을 아는 것이다. 본 프로파일에서는 각 영역별로 기능과 행동에 대해 자세하게 설명함으로써 아동을 관찰하는 동안 살펴봐야 할 행동과 상호작용 목록 그리고 아동이 무엇을 하는지에 대해 구체적으로 기술하였다. 아동의 행동에 대한 풍부한 설명은 아동기 초기 동안 발생하는 일련의 복잡한 행동을 어른이 잘 이해하도록 도와주며 아동이 발달 초기 국면에서 드러내는 행동이 이후 상위 수준에서 나타내는 행동에 얼마나 결정적인 선행 요건이 되는지를 인식하는 데 도움이 된다. 이러한 설명 체계는 아동의 그러한 행동이 기능적으로 얼마나 중요한지를 이해하는 데 도움을 줄 것이며, 아동의 단순한 행동을 가치롭게 여기는 능력을 키워 줄 것이다. 또한 이러한 설명적 분류는 부모 및 다른 양육자가 발달과정에 있는 아동의 강점과 능력을 감지할 수 있도록 도움을 줄 것이다.

일반적으로, 아동을 관찰하고 평가할 때 그 결과에 대해 두 가지 질문을 하게 된다. 첫 번째 질문은 아동의 발달이 다른 아동의 발달과 비교하여 어떠한가 하는 것이고, 두 번째 질문은 아동이 어떠한 과정을 거쳐 발달적 성장을 해 나가고 있는가에 관한 것이다. 이러한 두 가지 질문을 설명하기 위하여 발달 레인보우에서는 연령 범위에 따라 발달적 기능을 11단계로 조직화하였다. 이와 같은 조직적 구성은 발달연령과 발달평가 결과에 대한 신뢰성과 정확성을 더해 줄 것이다.

발달연령

아동심리학에서 발달이란 아동이 보다 능력 있고 기능적이며 자주적인 사람으로 성장해 가면서 겪는 과정적으로 연속적인 사건을 말한다. 발달은 성숙과정 동안 아동이 습득하는 각 행동과 기능뿐 아니라 새로운 기술을 만들어 내는 과정에서 겪는 질적인 변화도 포함하다. 아동발달 과정에서 드러나는 중요한 차이는 능력과 수행 간의 차이다. 능력은 무엇인가를 할 수 있는 힘, 즉 지식, 추론, 판단 그리고 의도성과 같

이 행동의 기초가 되는 일반적인 지적 특성을 말한다. 아동의 능력은 직접적으로 관찰될 수 없으므로 아동이 만들어 내는 일반적인 행동 유형으로부터 유추해야 한다. 반면, 수행은 직접 관찰되는 기능과 행동을 말한다. 수행은 아동의 능력을 직접 반영하지만, 종종 그 외의 상황이나 환경적 요인에 의해 영향을 받기도 한다.

발달연령은 전형적인 아동과 비교하여 아동의 현재 발달적 기능 수준을 설명해 주는 숫자적 지표다. 발달연령은 아동이 현재 수행하는 행동 유형을 그 또래의 정상 발달하는 아동에게서 관찰되는 행동 패턴과 비교하여 결정된다. 만일 아동이 12개월인 아동에게서 일반적으로 보이는 행동 유형과 유사한 행동을 한다면, 그 아동의 발달연령은 12개월로 기술될 수 있다. 이는 이 아동이 평균적으로 12개월의 아동들이 수행하는 것과 유사한 행동을 수행할 가능성을 나타낼 뿐 아니라, 아동이 정상 발달하는 12개월의 아동들과 동일한 방식으로 인지하고 추론하며 이해할 것임을 짐작하게 한다. 또한 아동의 발달연령을 생활연령과 비교하는 것은 아동의 발달적 상태를 판단할 수 있게 해 준다. 예를 들어, 만약 아동의 생활연령이 발달연령보다 낮다면, 아동은 발달이 빠르거나 또는 극한 경우에는 영재로 설명될 수 있다. 한편, 아동의 생활연령이 발달연령보다 높다면, 아동은 지연되었거나 아마도 극한 경우에는 특정 기능 영역이 지체된 것으로 설명할 수 있다.

발달평가의 신뢰성

아동을 관찰하는 동안 아동의 현재 능력을 있는 그대로 드러내지 못하게 방해하는 요인들이 있다. 이는 환경에 대한 친밀감과 안정감을 느끼는 정도와 관련이 있는데, 아동의 신체적 · 심리적 상태뿐 아니라 어머니가 함께 있는지 여부, 주위의 가지고 놀 수 있는 장난감과 도구의 종류, 어른과 또래가 아동과 상호작용하는 방식 등이 영향을 미친다. 다양한 상황에서 반복적으로 아동을 관찰하는 것은 가장 표본적인 아동의 행동을 관찰할 수 있지만, 그렇다고 해서 그것이 아동의 행동을 완전하게 반영한다고는 말할 수 없다. 앞서 언급했듯이 아동의 행동에 대한 발달연령을 보고하는 데 척도에 따라 심각한 정도로 불일치가 있을 수

있다. 한 척도에서는 18개월의 발달행동으로 기록되는데, 다른 척도에서는 15개월 또는 12개월의 발달행동으로 규정될 수도 있다.

이처럼 아동의 관찰을 통해 아동의 발달연령 수준을 판단하는 과정에서 오류를 범하거나 정확하게 관찰하지 못할 수도 있다. 발달연령은 현재 아동의 행동 유형 또는 가까운 미래에 획득하게 될 행동을 예측하거나 평가하는 데 중요한 준거가 된다. 그러나 아동의 발달연령을 정확히 관찰하기 위해서 연령을 세분화하여 각각의 발달연령 수준(예: 15개월)에서 아동이 현재 기능하는 것을 진술하는 것은 문제가 있다.

이러한 이유 때문에 발달 레인보우는 정상 범주의 발달에 기초하고, 아동의 발달연령 범위에 근접한 범위를 포함하여 11개의 발달단계로 조직화하였다. 이들 단계는 발달적 기능에 있어서 짧게는 3개월(12개월 이전의 아동)에서 길게는 12개월(36개월 이후의 아동)의 발달연령 범위로 되어 있다. 이 프로파일에서 적용된 연령 범위의 정도에 차이가 있는 것은 성숙한 아동(예: 36개월 이후의 아동)보다는 어린 아동(예: 12개월 이전의 아동)이 발달적으로 다양하게 특성화된 행동 유형을 나타내기 때문이다. 아동의 행동에 대해 범주화된 발달단계(예: 9~12개월)에서 기능하는지를 설명하는 것이 특정 발달연령(예: 10개월)에서 기능하는지를 설명하는 것보다 신뢰성이 높아진다.

발달 레인보우를 통하여 규정된 발달 범위와 아동의 현재 생활연령을 비교하여 발달적으로 눈에 띄는 지연을 나타내는 아동은 발달상의 문제를 고려해 볼 수 있다. 그러나 앞서 지적한 신뢰성의 문제로 인해 발달적으로는 경미한 것 같지만 임상적으로는 심각한 지체를 나타내는 아동의 상태에 대해 정확한 판단을 내리기 위해 발달 레인보우를 사용하는 것은 궁극적으로 무리가 있음을 고백한다. 이러한 경우에는 다른 경로를 통하여 충분한 정보가 모아질 때까지(예: 부모의 관찰 또는 다른 발달검사를 통하여 발달 레인보우의 관찰을 확증할 수 있을 때) 판단을 유보하는 것이 바람직하다.

Ⅲ 발달 레인보우 목록

- **발달 영역**
  - 인 지
    - 사물 사용 — 탐색 | 기능적 사용 | 문제해결
    - 변별/연합/분류 — 사회성 | 행동 | 사물
    - 상징적 표상 — 기억(대상영속성) | 의도성 | 그리기/쓰기/읽기 | 가장놀이
  - 언어/의사소통
    - 수용언어 — 주의 | 식별 | 이해
    - 화용론 — 의사 전달 | 어법
    - 언어 유창성 — 음운론 | 사전적 형태 | 문법적 형태
    - 모방 — 자발적 모방 | 유도된 모방
  - 사회/정서
    - 관계행동 — 애착 | 어른 | 또래
    - 자기인식/표현 — 정서적 반응 | 자기중심성 | 독립성/의존성
    - 사회규칙 — 사회적 놀이 | 규칙 이행 | 책임감
  - 운동
    - 소근육 운동 — 움켜잡기 | 손 뻗기 | 사물 조작
    - 자세/균형 — 머리 가누기 | 앉기 | 서기
    - 이행 능력 — 기기 | 걷기/달리기 | 기어오르기
    - 활동성 운동 — 던지기 | 뛰어넘기 | 차기
  - 적응
    - 먹기
    - 자기관리 — 배변 | 옷 입기 | 청결 유지
    - 정리정돈
    - 일상생활

1단계

0~3개월

사물 사용		
탐 색	기능적 사용	문제해결
C01-01 사물이 포물선(⌒)을 그리며 천천히 움직이면 시선이 그 사물을 따라간다. C01-02 보이지 않는 곳에서 들리는 소리를 찾아 눈을 움직인다. C01-03 각기 다른 소리가 나는 두 사물을 이쪽저쪽 번갈아 보며 눈을 움직인다. C01-04 눈앞에서 움직이는 자신의 손을 쳐다본다. C01-05 손을 뻗쳐 물건을 잡으려 할 때 사물과 손을 번갈아 가며 본다. C01-06 잠깐 동안 장난감을 추적하고 응시한다. C01-07 보이지 않는 곳에 있는 장난감이 내는 소리 쪽으로 머리를 돌린다.		

변별/연합/분류		
사회성	행 동	사 물
CD1-01 가까운 곳에서 소리가 나면 활동을 줄이거나 멈춘다. CD1-02 친숙한 목소리에 평안해진다. CD1-03 낯선 목소리에 주목한다. CD1-04 사람이 하는 말을 경청하는 것처럼 보인다. CD1-05 누군가가 이야기할 때 그 사람의 입을 쳐다본다. CD1-06 자신과 다른 사람의 존재를 인식한다. CD1-07 깜짝 놀라고, 눈을 크게 뜨며 쳐다봄으로써 새로운 장소에 대한 경계를 보인다. CD1-08 목소리가 들리는 쪽으로 머리를 돌린다. CD1-09 친숙한 사람을 알아본다.		CD3-01 다른 사물에 대해 각기 다른 반응을 한다(예: 어떤 것은 빨고, 어떤 것은 좀 더 주시하고, 어떤 것에는 다른 것보다 즉각적으로 미소 짓는다).

상징적 표상			
기억(대상영속성)	의도성	그리기/쓰기/읽기	가장놀이
CS1-01 눈앞에서 사라진 사물을 찾지 않는다.  CS1-02 천천히 움직이던 물체가 시야에서 사라진 지점에 시선을 멈추고 응시한다.	CS2-01 불편하거나 배고플 때 자신에게 주의를 집중하도록 이끈다(예: 울기, 끙끙 소리 내기, 팔 휘젓기). CS2-02 어른이 안아 주거나 젖을 먹이거나 옷을 입혀 주기 위해 다가설 때 소리 내기, 미소 짓기 등의 행동을 예견하고 흥분한다. CS2-03 배고픔과 불편함을 표현하는 특정한 소리를 낸다. CS2-04 때때로 즐거움의 표현으로 소리를 낸다. CS2-05 어른과 노는 동안 웃거나 즐거운 소리를 낸다.		

1단계

0~3개월

언어/의사소통

수용언어	화용론	언어 유창성	모 방
주의/식별/이해	의사 전달/어법	음운론/사전적 형태/문법적 형태	자발적 모방/유도된 모방
LR-01 가까운 곳에서 소리가 나면 활동을 줄이거나 멈춘다.	LP-01 배고픔이나 편안함을 나타내는 특정한 울음이 있다.	LL-01 자주 운다.	
LR-02 친근하거나 익숙한 소리에 대한 반응으로 조용해진다.	LP-02 가끔씩 즐거움의 표시로 소리를 낸다.	LL-02 가끔씩 울음 이외의 발성이나 소리를 낸다.	
LR-03 낯선 소리에 주의를 기울인다.	LP-03 어른과 함께 노는 동안 웃거나 즐거움의 소리를 낸다.	LL-03 ‘ㅔ’ ‘ㅏ’ ‘ㅗ’ ‘ㅜ’와 유사한 모음 소리를 낸다.	
LR-04 말하는 사람에게 귀를 기울이는 것처럼 보인다.	LP-04 어른이 말할 때 소리를 낸다.	LL-04 옹알거리거나 구구 소리를 내며 같은 음절 소리를 반복한다.	
LR-05 이야기에 대한 반응으로 말하는 사람의 얼굴을 똑바로 쳐다본다.	LP-05 사물이나 사람에 대한 자신의 태도를 웅얼댄다.	LL-05 종종 울음 이외의 소리를 낸다(예: 아, 우, 그그, 꾸르르, 부부, 옹알옹알).	
LR-06 목소리에 대한 반응으로 말하는 사람의 얼굴을 쳐다보고 미소 짓는다.		LL-06 같은 또는 다른 소리가 나는 두 개의 다른 음절을 발성한다(예: 구구, 이그).	
LR-07 어른의 이야기나 소리에 가끔씩 소리 내어 반응한다.			

관계행동	자기인식/표현	사회규칙
애착/어른/또래	정서적 반응/자기중심성/독립성/의존성	사회적 놀이/규칙 이행/책임감
SR-01 상대방이 말하는 것이나 동작에 대한 반응으로 그 사람을 잠시 주시한다. SR-02 보이지 않는 곳에서 나는 말소리에 명확한 반응을 보인다(예: 고개 돌리기, 얼굴 표정 바꾸기, 활동의 증가 및 감소). SR-03 얼굴을 마주 보고 상호작용한다. SR-04 불편하거나 배가 고플 때 어른이 자신에게 주의를 집중하도록 이끈다. SR-05 어른의 미소나 말에 대한 반응으로 그 사람의 얼굴에 시선을 고정시킨다. SR-06 이야기하고, 미소 짓고, 어루만져 주는 어른에게 웃으며 반응한다. SR-07 기대와 흥분을 보인다(예: 어른이 다가가 안아 주고, 우유를 주고, 옷을 입힐 때 얼굴 표정이 밝아지고 소리를 낸다). SR-08 엄마(또는 양육자)를 알아본다. (계속)	SA-01 빨면서 안정을 찾고 조용히 있는다. SA-02 안아 주고, 앞뒤로 흔들어 주는 것을 좋아한다. SA-03 다른 사람들의 얼굴 표정을 구별하지 못한다.	SS-01 감각적 재미를 위해 입이나 혀로 장난감을 탐색한다. SS-02 거울에 비친 상에 접근한다.

관계행동	자기인식/표현	사회규칙
애착/어른/또래	정서적 반응/자기중심성/독립성/의존성	사회적 놀이/규칙 이행/책임감
SR-09 얼굴이 시야에서 사라지면 반응을 보인다(예: 팔다리를 더 많이 휘젓는다). SR-10 들어 올려질 때 얌전해진다(예: 휘젓던 팔다리를 얌전히 둔다).		

소근육 운동	자세/균형	이행 능력	활동성 운동
움켜잡기/손 뻗기/사물 조작	머리 가누기/앉기/서기	기기/걷기/달리기/기어오르기	던지기/뛰어넘기/차기
MF-01 대부분의 시간을 엄지를 안으로 해서 주먹을 꼭 쥐고 있는다. MF-02 팔을 대칭적으로 움직인다. MF-03 무작위로 팔을 움직인다. MF-04 손바닥을 자극하면 팔을 구부리면서 손가락을 안으로 모은다. MF-05 사물을 향해 손을 뻗지 못한다. MF-06 무의식적으로 회피반응을 보인다. MF-07 손을 펴고 팔을 앞으로 뻗기는 하지만 움켜쥐지는 못한다. MF-08 엄지를 항상 펴고 있는다. MF-09 손을 인식한다. MF-10 손을 입에 가져가려고 시도한다. MF-11 비대칭적으로 손을 뻗친다. (계속)	MP-01 엄지를 안으로 해서 주먹을 쥐는 생리적 반사를 보인다. MP-02 손과 다리를 반사적으로 밀치며 논다. MP-03 2초 동안 다리를 잡고 있는다. MP-04 자세반사: 비대칭 목경직 반사[예: 머리를 옆으로 누운 상태에서 얼굴 쪽 팔과 다리는 뻗고 머리 쪽 팔과 다리는 구부린다(검도 자세)] MP-05 옆으로 뉘인 자세에서 굴러 등이 바닥에 닿는다. MP-06 머리를 좌우로 돌린다. MP-07 어깨를 잡고 들어 올리면 머리를 들어 올려 자세를 잡는다. (계속)		

소근육 운동	자세/균형	이행 능력	활동성 운동
움켜잡기/손 뻗기/사물 조작	머리 가누기/앉기/서기	기기/걷기/달리기/기어오르기	던지기/뛰어넘기/차기
MF-12 손에 물건을 쥐어 주면 잡고 있지만 조작하지는 못한다. MF-13 손에 종을 놓아 주면 약 2초 동안 쥐고 있는다. MF-14 파악반사를 보인다. MF-15 자유롭게 있는 상태에서 내내 손을 펴고 있는다. MF-16 막대기를 잡기 위해 두 손을 사용한다. MF-17 물건을 잡지는 못하지만 정닌감을 향해 손을 뻗치기 시작한다. MF-18 자발적 잡기가 나타난다. MF-19 두 손을 함께 가져온다. MF-20 손을 휘젓고, 흔들고, 찔러 보면서 손에 주어진 사물을 조작한다. MF-21 능동적으로 손을 쳐다본다. (계속)	MP-08 엎드린 자세로 두면 복부를 지탱하기 위해 머리를 조정한다(예: 머리는 몸통보다 위 또는 몸통과 같은 선을 유지한다). MP-09 누운 자세에서 목을 받치던 손을 치우면 머리를 들어 올린다(등뼈를 지탱한다). MP-10 앉혀 놓으면 등이 둥글게 굽는다. MP-11 몸통을 세우면 자동적인 걷기를 보인다. MP-12 어깨 부위가 대칭으로 놓여 있다(비대칭 목경직 반사가 사라진다). MP-13 좌우 팔을 비대칭적으로 움직인다. MP-14 엎드려 놓으면 팔은 구부리고 손바닥은 주먹 쥔 상태로 몸을 지탱한다. MP-15 손이 입 근처로 가면 빤다. (계속)		

소근육 운동	자세/균형	이행 능력	활동성 운동
움켜잡기/손 뻗기/사물 조작	머리 가누기/앉기/서기	기기/걷기/달리기/기어오르기	던지기/뛰어넘기/차기
MF-22 손을 뻗칠 때 사물과 손을 번갈아 본다. MF-23 주의를 끄는 사물을 잡으려고 손을 뻗친다. MF-24 손에 닿지는 않지만 근접한 거리에 놓인 사물은 팔의 움직임을 활발하게 만든다. MF-25 30초 동안 딸랑이를 잡고 있는다.	MP-16 머리를 옆으로 두었다가 눕는 자세로 돌린다. MP-17 팔로 자신의 몸통을 들어 올린다. MP-18 엎드려 놓으면 팔이 몸 바깥쪽으로 움직인다. MP-19 팔다리를 비대칭적으로 둔다. MP-20 누운 자세에서 손을 응시한다. MP-21 얼굴에 천 조각을 올려놓으면 머리를 돌리거나, 활동이 많아지거나 줄어드는 반응을 보인다 MP-22 앉혀 놓으면 머리가 인사하는 것처럼 앞으로 굽는다. MP-23 세워 놓으면 몸을 지탱하지 못한다. MP-24 15초 동안 머리를 곧게 세우거나 꼿꼿하게 유지한다. MP-25 다른 곳으로 이동할 때 머리를 꼿꼿이 유지한다. (계속)		

소근육 운동	자세 / 균형	이행 능력	활동성 운동
움켜잡기/손 뻗기/사물 조작	머리 가누기/앉기/서기	기기/걷기/달리기/기어오르기	던지기/뛰어넘기/차기
	MP-26 머리가 한쪽으로 기울지 않고 중심에 둔다. MP-27 몸을 잡아 주면 약 45도로 머리를 들어 올린 자세로 약 2초 동안 유지하다가 다시 바닥을 향해 머리를 떨군다. MP-28 팔꿈치를 굽힌 상태로 엎드린다. MP-29 어른이 들어 올리기 위해 팔 아래 겨드랑이를 잡으면 그다음 동작을 예견한 듯한 반응을 보인다(예: 몸과 어깨가 긴장된다). MP-30 바닥에 뉘어 놓으면, 다리는 구부러지고 발바닥이 보이는 자세로 있는다. MP-31 엎드린 자세에서 팔뚝으로 몸을 지탱한다. (계속) 		

소근육 운동	자세 / 균형	이행 능력	활동성 운동
움켜잡기/손 뻗기/사물 조작	머리 가누기/앉기/서기	기기/걷기/달리기/기어오르기	던지기/뛰어넘기/차기
	MP-32 뉘어 놓으면 머리는 몸 중앙선에 둔다. MP-33 가슴에 두 손을 모은다. MP-34 앉히기 위해 끌어당기면 머리는 뒤로 처진다. MP-35 앉은 자세를 유지하기 위해 근육을 긴장시킨다. MP-36 앉혀 놓으면 어깨는 올라가고 턱은 앞으로 나온다. MP-37 몸의 균형을 잡지 못하고 한쪽으로 체중이 실린다. 자발적인 걷기를 하지 못한다. MP-38 세워 놓으면 몸을 지탱하면서 무릎이 구부러진다. MP-39 머리의 균형을 잡는다. (계속)		

소근육 운동	자세 / 균형	이행 능력	활동성 운동
움켜잡기/손 뻗기/사물 조작	머리 가누기/앉기/서기	기기/걷기/달리기/기어오르기	던지기/뛰어넘기/차기
	MP-40 몸통을 잡아 주면 약 90도로 머리를 들고 있을 수 있으며, 이 상태를 잠깐 동안 유지한 후에 다시 바닥을 향해 머리를 떨군다. MP-41 누운 자세에서 몸을 옆으로 돌린다. MP-42 몸을 약간 지지해 주면 10초 동안 앉아 있는다.		

적응

먹 기	자기관리	정리정돈	일상생활
	배변/옷 입기/청결 유지		
AE-01 빨기 AE-02 젖꼭지와 우유병을 인식하고 잡으려고 애쓴다. AE-03 근원 반사(rooting reflex)로 우유와 모유의 근원지를 찾는다. AE-04 혀 밀기 반사(tongue-thrust reflex)로 단단한 음식을 밖으로 밀어낸다. AE-05 입 벌리기 반사(gag reflex)를 보인다.	AS-01 기저귀 차기		

2단계

3~6개월

사물 사용		
탐 색	기능적 사용	문제해결
C01-08 딸랑이를 가지고 논다. 딸랑이를 잡고, 흔들고, 쳐다본다. C01-09 보이는 곳에 있는 장난감을 양손으로 움켜잡는다. C01-10 사물을 집어 입으로 가져간다. C01-11 닿기 쉬운 거리 안에 떨어진 장난감을 찾아낸다. C01-12 몇 초 동안 두 개의 작은 인형을 움켜쥐고 있는다. C01-13 손이나 장난감으로 다른 장난감을 톡톡 건드리거나 두드린다. C01-14 사물(예: 막대과자, 수수깡)을 꽉 쥐어 부스러뜨린다. C01-15 흥미로운 활동을 멈추면 이에 반응한다. C01-16 끈을 당기고, 씹고, 만지작거린다.	C02-01 끈을 잡아 장난감을 끌어당긴다. C02-02 행동을 모방한다(새로운 행동이 아니라 아동이 이미 하는 행동이다).	C03-01 장난감을 가지고 손과 다리를 반복적으로 움직인다. C03-02 시야에서 사라진 사물을 찾는다.

변별/연합/분류		
사회성	행 동	사 물
CD1-10 낯선 사람에 대해 두드러지게 놀라는 반응을 보인다(예: 울음 또는 저항). CD1-11 "아빠 어디 있니?"라는 질문에 아빠를 쳐다보거나 그쪽으로 간다. CD1-12 분리불안을 보이고 저항한다.	CD2-01 흥미로워하는 활동을 중지시키면 반응을 보인다. CD2-02 흔들기, 휘젓기, 두드리기, 딸랑이 흔들기와 같은 신체적 움직임에 따른 결과를 보기 위해 장난감을 조작한다.	CD3-02 익숙한 사물을 특정 행동과 연합한다(예: 딸랑이 흔들기, 벨 울리기).

상징적 표상			
기억(대상영속성)	의도성	그리기/쓰기/읽기	가장놀이
CS1-03 친숙한 사람이나 사물을 인식하거나 또는 친숙한 활동의 시작을 안다. CS1-04 시야에서 사라진 대상을 시각적으로 찾는다.	CS2-06 엄마(또는 양육자)가 다가오면 울음을 멈추고 떠나면 다시 운다. CS2-07 웃거나 소리를 내서 엄마(또는 양육자)의 주의를 끌려고 한다. CS2-08 자발적으로 다른 사람에게 직접 소리를 내거나 알아들을 수 없는 말로 웅얼거린다.		

수용언어	화용론	언어 유창성	모 방
주의/식별/이해	의사 전달/어법	음운론/사전적 형태/문법적 형태	자발적 모방/유도된 모방
LR-08 소리가 나는 쪽을 향하여 의도적으로 고개를 돌린다. LR-09 말하는 사람을 찾으려고 주변을 둘러본다. LR-10 목소리의 근원지를 정확히 찾는다. LR-11 목소리 자극에 반응하여 옹알이를 멈춘다. LR-12 자기 이름을 인식하고 반응한다. LR-13 누군가가 말하면 울음을 멈춘다.	LP-06 아기가 먼저 다른 사람을 쳐다보며 옹알이를 하고 소리를 낸다.	LL-07 같은 소리를 규칙적으로 반복한다. 특히 혼자 있을 때 그렇게 한다. LL-08 때때로 'ㅋ' 'ㄱ' 'ㅎ' 같은 자음을 만들어 낸다. LL-09 혼자서 또는 다른 사람과 함께 있을 때 시끄럽게 소리를 내며 논다. LL-10 큰 소리로 웃는다. LL-11 옹알이를 할 때 두 개 이상의 다른 소리를 조합해서 반복한다(예: 아-가, 아-바, 아-다). LL-12 'ㅂ' 'ㅁ' 'ㄷ' 'ㄴ' 'ㄹ' 같은 자음을 만들어 낸다. LL-13 세 개의 다양한 모음 소리를 낸다.	LI-01 자신이 만들어 낸 것을 보거나 들을 수 있는 행동만을 모방한다(예: 소리 내기와 손짓 동작은 모방이 가능하지만, 얼굴 표정은 모방하지 못한다).

관계행동	자기인식/표현	사회규칙
애착/어른/또래	정서적 반응/자기중심성/독립성/의존성	사회적 놀이/규칙 이행/책임감
SR-11 얼굴을 마주 보고 상호작용한다.	SA-04 소리를 내어 자신의 의도를 표현한다.	SS-03 장난감끼리 '탁탁' 치기 시작한다.
SR-12 어른이 미소 지을 때 소리를 낸다.	SA-05 다른 사람들이 하는 표현을 구별하지 못한다.	SS-04 거울에 비친 상을 보고 미소 짓는다.
SR-13 사람에 따라 우는 반응을 달리한다(예: 안아 주는 사람과 떠나는 사람에 따라 우는 것을 멈추거나 울기 시작한다).	SA-06 자신과 다른 사람을 식별하지 못한다.	SS-05 거울에 비친 상을 보고 장난스럽게 반응한다.
SR-14 미소 짓고 소리를 내면서 엄마(또는 양육자)의 주의를 끌기 시작한다.		
SR-15 가만히 응시하거나 눈을 크게 뜨고 쳐다보는 것으로 낯설고 새로운 장소를 인식하고 있음을 보여 준다.		
SR-16 편안한 사람에게 잘 반응하고 사교적이다.		
SR-17 사회적 놀이, 흔들기, 노래하기, 간질이기, 음성으로 하는 놀이를 즐긴다.		
SR-18 놀이를 하면서 웃는다.		
SR-19 어른의 얼굴을 만지고, 맛보고, 쳐다보면서 탐색한다.		
SR-20 자신의 이름이 호명되면 반응한다.		
SR-21 친숙한 사람에게 향한다.		

2단계

3~6개월

운동

소근육 운동	자세 / 균형	이행 능력	활동성 운동
움켜잡기/손 뻗기/사물 조작	머리 가누기/앉기/서기	기기/걷기/달리기/기어오르기	던지기/뛰어넘기/차기
MF-26 손목을 구부려 손바닥으로 잡는다. MF-27 손가락이 조금 벌어진 채 손을 입, 무릎, 몸통 가운데로 가져간다. MF-28 원하는 물건을 잡으려고 물건이 보이는 방향으로 팔을 곧장 뻗는다. MF-29 한 방향으로만 손을 뻗친다. MF-30 사물에 닿을 듯 말 듯하다. MF-31 팔을 뻗는 쪽으로 몸이 기운다. MF-32 손을 뻗을 때 양손을 사용한다. MF-33 손바닥 끝과 손가락으로 블록을 움켜잡고 있는다. MF-34 움직이지 않는 작은 물건을 잡으려고 한다. MF-35 물건을 집어 입으로 가져간다. (계속)	MP-43 주로 한쪽 방향으로 몸을 지탱한다. MP-44 이차순환반응을 시작하면서 팔뚝으로 몸을 지탱한다. MP-45 누운 자세에서 옆으로 구른다. MP-46 팔을 뻗는다(예: 앞을 향해 가슴을 일으키고, 체중을 한쪽에 싣고, 다른 쪽 팔을 들어 물건에 닿으려고 손을 뻗친다). MP-47 균형 잡힌 자세(예: 머리와 몸통 위치를 중앙으로 유지하고, 마치 사물을 잡는 것처럼 팔을 몸의 중앙으로 가져온다). MP-48 목 늘림이 향상된다. MP-49 머리를 몸통 중앙선에 둔다. MP-50 손을 무릎 위에 둔다. (계속)		

소근육 운동	자세 / 균형	이행 능력	활동성 운동
움켜잡기/손 뻗기/사물 조작	머리 가누기/앉기/서기	기기/걷기/달리기/기어오르기	던지기/뛰어넘기/차기
MF-36 장난감의 줄을 끌어당겨 손까지 가져온다. MF-37 손으로 발을 잡는다. MF-38 작은 사물을 움켜잡을 때 손 전체를 사용한다. MF-39 대부분의 경우에 손을 펴고 있는다. MF-40 미처 물체에 닿지 않을 때, 조정하여 사물을 손에 넣는다. MF-41 순간적으로 낚아채듯 움켜잡는다. MF-42 작은 사물 두 개를 동시에 잡고 몇 초 동안 유지한다. MF-43 사물을 잡기 위해 몸통을 가로질러 뻗는다. MF-44 사물을 밀어내기보다는 지속적으로 잡으려 한다. (계속)	MP-51 우연히 구른다(예: 누운 상태에서 측면으로). MP-52 옆으로 뉘어 놓으면 머리를 똑바로 돌려 눕는다. MP-53 앉히기 위해 몸을 당길 때 머리는 몸통 중심에 둔다. MP-54 목과 가슴을 쭉 편다. MP-55 잠깐 동안(약 2초) 혼자 앉아 있는다. MP-56 다리 힘이 세진다. MP-57 세워 놓으면 엉덩이와 무릎이 휜다. MP-58 엎드린 자세에서 팔을 뻗는다. MP-59 무게중심을 이동시켜도 어깨 부위는 움직이지 않는다. MP-60 팔을 뻗어 체중을 견딘다. (계속)		

소근육 운동	자세/균형	이행 능력	활동성 운동
움켜잡기/손 뻗기/사물 조작	머리 가누기/앉기/서기	기기/걷기/달리기/기어오르기	던지기/뛰어넘기/차기
MF-45 자발적으로 사물을 움켜쥔다. MF-46 하나의 사물을 쥐어 주면 그대로 쥐고 있는다. MF-47 일 분 동안 딸랑이를 잡고 있는다. MF-48 우발적으로 사물을 놓친다. MF-49 한 단계에서 다음 단계로 넘어가는 사이에 정체기가 있다. MF-50 15~30초 동안 손을 모아 잡고 있는다. MF-51 장난감을 가지고 노는 동안 그 시긴의 빈은 몸통 부분에서 양손을 모두 사용한다. MF-52 손바닥으로 종이를 구긴다. MF-53 앉은 자세에서 한 방향으로 손을 뻗는다. MF-54 사물이 있는 데까지 충분히 손을 뻗친다. (계속)	MP-61 헤엄치는 것처럼 팔을 뻗는다. MP-62 발을 입에 가져간다. MP-63 끌어당겨 앉는다. 머리가 처지지 않는다. MP-64 누운 상태에서 뒤집어 엎드린다. MP-65 팔을 뻗어 지탱한다. MP-66 30초 동안 혼자 앉아 있는다. MP-67 장난감을 가지고 노는 동안 혼자 앉아 있는다(예: 베개로 앉은 자세를 지지해 주면, 30초 동안 균형을 유지하면서 장난감을 움켜쥐기 위해 손을 몸통 중앙선까지 움직인다). MP-68 혼자 꼿꼿이 앉아 있는다. MP-69 초기 걷기 동작을 보인다.		

소근육 운동	자세/균형	이행 능력	활동성 운동
움켜잡기/손 뻗기/사물 조작	머리 가누기/앉기/서기	기기/걷기/달리기/기어오르기	던지기/뛰어넘기/차기
MF-55 작은 물건을 잡으려고 갈퀴질한다. MF-56 물건으로 탁자를 '탕탕' 친다. MF-57 물건을 몸통까지 가져온다.			

먹 기	자기관리 배변/옷 입기/청결 유지	정리정돈	일상생활
AE-06 빨기 AE-07 (영양상 필요한 것이 아닌) 단단한 음식(예: 오징어, 딱딱한 과자)을 좋아하기도 한다. AE-08 젖가슴과 우유병을 인식하고 손을 뻗친다. AE-09 혀 밀기 반사로 단단한 음식을 밖으로 밀어낸다. AE-10 입 벌리기 반사를 보인다.	AS-02 기저귀 차기		

3단계

6~9개월

사물 사용		
탐 색	기능적 사용	문제해결
C01-17 사물을 가지고 단순한 활동을 반복한다. C01-18 흥미 있는 사물에 대해 지속적으로 시각적 · 촉각적 탐색을 한다. C01-19 사물을 흔들고, 입에 넣고, 빤다. C01-20 단순감각 효과를 얻기 위해 사물을 꽉 쥐거나 돌려서 조작한다. C01-21 양손에 있는 장난감을 신체의 중심 부위에서 탕탕 친다. C01-22 사물의 소리에 흥미를 보인다. C01-23 두 개의 사물을 가지고 있으면서 또 다른 사물을 향하여 손을 뻗는다. C01-24 사물의 세부 항목이나 작동에 흥미를 가지고 그것을 조작한다. C01-25 소리 나는 사물을 조작하여 소리를 낸다. C01-26 사물을 떨어뜨리고 던진다.	C02-03 어른의 행동을 비슷하게 모방한다. C02-04 장난감 못 판에서 못을 뺀다.	C03-03 어른이 손을 사용하여 어떤 행동을 보이면 어른의 손을 만져 본다. C03-04 손가락으로 긁적긁적하면서 조그마한 사물을 움켜잡으려고 한다. C03-05 사물을 한 번에 하나씩 건네주면 각각의 손에 하나씩 두 개의 사물을 잡고 유지한다. C03-06 사물이 사라지는 것을 지켜본 후 그것을 찾는다. C03-07 어떤 동작을 사용하여 자기가 원하는 목적을 달성한다. C03-08 공간 안에서 이루어지는 사물의 움직임을 예측한다. C03-09 행동에 수반되는 결과에 주의를 기울인다. C03-10 결과(강화)를 반복해서 얻기 위하여 그 행동을 되풀이한다. C03-11 소리 나는 사물을 조작하여 그 소리를 만들어 낸다. C03-12 원하는 사물을 얻기 위해 도움을 요청한다(도와줄 사람을 끌어당긴다).

변별/연합/분류		
사회성	행 동	사 물
CD1-13 모든 대화 소리에 귀 기울이는 것같이 보인다. CD1-14 얼굴 표정을 바꾸고, 소리를 내거나 단어를 모방하면서 친숙한 단어에 반응한다.	CD2-03 장난감의 동작과 소리를 연합한다(예: 차를 밀면서 '부릉부릉' 소리 내기).	CD3-03 의도적으로 관계없는 사물을 함께 배치하거나 서로 가까이에 놓는다(예: 인형을 책상 위에 또는 옆에 둔다).

상징적 표상			
기억(대상영속성)	의도성	그리기/쓰기/읽기	가장놀이
CS1-05 사물이 있는 곳을 잠깐 동안 기억한다. CS1-06 사물의 전체가 보이든 일부만 보이든지 간에 동일한 것임을 안다. CS1-07 덮개 밑에 숨겨 둔 장난감을 가지기 위해 덮개를 치운다.	CS2-09 어른이 하던 활동을 반복하도록 요구하는 몸짓을 보인다(예: 어른이 무릎 위에 태워 주는 것을 반복하게 하기 위해 껑충껑충 뛴다). CS2-10 '까꿍놀이'와 같은 '소리-동작 놀이'를 한다. CS2-11 "안 돼!"라고 말하면, 그 반응으로 활동을 멈춘다. CS2-12 '싫다'는 표현으로 머리를 흔들거나 고개를 돌리거나 얼굴 표정을 짓는 등 적절한 제스처를 사용한다.	CS3-01 그림의 이름을 말해 주면, 일 분 동안 계속해서 그림을 쳐다보며 흥미를 보인다.	

수용언어	화용론	언어 유창성	모 방
주의/식별/이해	의사 전달/어법	음운론/사전적 형태/문법적 형태	자발적 모방/유도된 모방
LR-14 빈번히 대화 내내 주목하여 듣는다. LR-15 잘 알고 있는 단어를 들으면 얼굴 표정이 바뀌거나 소리를 내거나 단어를 따라 말하는 것으로 반응한다. LR-16 자신의 이름을 부르면 적어도 10번 중 5번은 소리 내어 반응한다. LR-17 '엄마'나 '아빠'와 같은 단어를 아는 것으로 보인다. LR-18 '안 돼'에 대한 반응으로 10번 중 5번은 하던 것을 멈추거나 머뭇거린다. LR-19 가족 구성원의 이름을 안다. LR-20 음악이나 노랫소리에 주의를 기울인다. (계속)	LP-07 언어놀이를 하고 논다(예: 까꿍, 짝짜꿍). LP-08 종종 친숙한 노래나 멜로디를 흥얼거린다. LP-09 "안 돼"라는 말에 고개를 돌리거나 얼굴 표정을 짓거나 머리를 흔드는 것과 같은 적절한 제스처를 취한다.	LL-14 의미 있는 단어가 아닌 '다-다' '마-마' 바-바'와 같은 2음절 소리를 반복한다. LL-15 네 개 또는 그 이상의 음절을 명확하게 발음한다(예: 어, 그, 다, 마, 무, 구, 라). LL-16 단어를 정확하게 발음하지는 않지만 문장 형태로 소리를 낸다.	LI-02 빈번히 다른 사람이 하는 말을 듣고 음절의 수와 소리를 모방한다.

수용언어	화용론	언어 유창성	모 방
주의/식별/이해	의사 전달/어법	음운론/사전적 형태/문법적 형태	자발적 모방/유도된 모방
LR-21 '이리 와' '위로' '빠이빠이' 같은 단어에 적합한 제스처로 반응한다. LR-22 누군가가 자신의 이름을 부르면 활동을 멈춘다. LR-23 간단한 언어적 요구를 이해한다. LR-24 일상적인 사물의 이름을 안다(예: 사물의 이름을 호명하면 쳐다보거나 반응을 보인다). LR-25 '안 돼!'에 대한 반응으로 대부분 활동을 멈춘다.			

관계행동	자기인식/표현	사회규칙
애착/어른/또래	정서적 반응/자기중심성/독립성/의존성	사회적 놀이/규칙 이행/책임감
SR-22 낯선 사람을 보면 울거나 저항한다. 낯선 사람이 손을 대려고 하면 거부한다. SR-23 장난감보다 사람들과 노는 것을 더 좋아한다(예: 까꿍놀이, 짝짜꿍). SR-24 손을 흔들거나 고개를 끄덕이는 것과 같은 몸짓을 따라 한다. SR-25 엄마(또는 양육자)가 아이를 향해 손을 뻗어 "이리 와."라고 말하면 팔을 올린다. SR-26 친근한 사람의 이름을 부르면(예: "엄마 어디 있니?") 몸을 그쪽으로 향하거나 쳐다본다. SR-27 초기 사회적 놀이를 시작한다. SR-28 형제자매보다 다른 아이들이나 또래에게 흥미를 보인다.	SA-07 분리불안을 보인다. 엄마(또는 양육자)와 떨어질 때 저항하거나 운다. SA-08 먹기, 세수하기, 옷 입기 등에 대한 요구나 압력에 저항하기도 한다. SA-09 혼자서 10~20분 정도 논다. SA-10 자신과 무관한 사물과 사건에 대하여 흥미를 갖기 시작한다.	SS-06 물체를 가지고 '탕탕' 치는 것을 즐긴다. SS-07 놀이 중에 장난감을 내던진다. SS-08 거울을 보고 장난스럽게 반응한다. SS-09 감각적 자극을 위해 장난감을 조작한다. SS-10 사회적 놀이(예: 까꿍놀이)에 협력한다.

운동

소근육 운동	자세/균형	이행 능력	활동성 운동
움켜잡기/손 뻗기/사물 조작	머리 가누기/앉기/서기	기기/걷기/달리기/기어오르기	던지기/뛰어넘기/차기
MF-58 컵의 손잡이를 움켜잡는다.	MP-70 비스듬히 눕거나 앉은 자세로 놀이한다.	ML-01 네 발로 기는 자세를 보인다.	
MF-59 사물을 몸의 중앙선까지 들어 올려 '탕탕' 친다.	MP-71 몸을 앞쪽으로 쭉 뻗는다.	ML-02 걷기 전 단계의 방법을 사용하여 앞으로 이동한다. 팔다리로 기어 다닌다.	
MF-60 작은 물건을 잡기 위해 엄지의 일부분을 사용한다.	MP-72 자세가 평형을 이루며 안정적이다(비대칭이 아니다).	ML-03 반 무릎 꿇기 자세를 취한다.	
MF-61 작은 물건을 잡기 위해 손가락 끝을 사용한다.	MP-73 누운 자세에서 머리를 들어 올린 채 손으로 다리를 잡는다.	ML-04 걷기를 시도한다.	
MF-62 팔을 뻗어 물건을 잡는다.	MP-74 끌어당겨 앉는다. 머리가 먼저 간다.	ML-05 겨드랑이 아래 가슴을 잡아 세우고 있으면, 걷는 동작을 한다.	
MF-63 손목을 움직이고, 흔들고, 두드리면서 활발하게 장난감을 가지고 논다.	MP-75 누운 자세에서 굴러 뒤집는다.	ML-06 약 1m 50cm의 거리를 양팔과 다리를 사용하여 긴다.	
MF-64 손가락을 갈퀴 모양을 만들어 한 번에 최소한 두 개의 작은 사물을 잘 쥐고 있는다(예: 엄지, 검지, 중지를 이용한다).	MP-76 꼿꼿하게 앉아 있는다.	ML-07 한쪽 팔과 다리는 기는 자세이고, 다른 쪽 팔과 다리는 들어 올린 자세를 취한다. 앞을 향해 나아가야 하는 것은 아니다. 	
MF-65 표면을 이용하여 사물을 용기 안으로 안정성 있게 떨어뜨린다. (계속) 	MP-77 앉은 자세에서 스스로 일어서려고 시도한다.		
	MP-78 위아래로 껑충껑충 뛴다.		
	MP-79 걷기 전 단계의 방법을 사용하여 앞으로 이동한다(예: 팔꿈치로 기기, 무릎으로 기기, 팔다리로 기기). (계속) 		

소근육 운동	자세/균형	이행 능력	활동성 운동
움켜잡기/손 뻗기/사물 조작	머리 가누기/앉기/서기	기기/걷기/달리기/기어오르기	던지기/뛰어넘기/차기
MF-66 팔을 뻗어 몸을 지탱한다. MF-67 물건을 흔들고, '탕탕' 치고, 떨어뜨리고, 입에 가져가고, 던지고, 빤다. MF-68 정육면체 블록을 한 손에서 다른 손으로 옮기고, 처음 블록을 잡았던 손으로 두 번째 블록을 잡는다. MF-69 딸랑이를 엄지와 검지를 사용하여 손바닥 중앙선에 놓고 3초 동안 잡고 있는다. MF-70 손바닥, 약지, 새끼손가락을 사용하여 블록을 움켜잡는다. MF-71 밀고 당기면서 팔꿈치로 힘을 적절하게 조절하는 능력을 발달시킨다. (계속)	MP-80 서 있는 동안 체중을 한쪽에서 다른 쪽으로 이동시킨다. MP-81 지지할 만한 고정된 물건(예: 책상, 의자)을 이용하여 앉은 자세에서 혼자서 일어선다. MP-82 60초 동안 혼자 앉아 있는다. MP-83 상체를 좌우로 돌린다. MP-84 수직으로 팔을 밀어 올려 머리와 배를 들어 올린다. 이 자세를 5초 동안 유지한다. MP-85 팔다리의 움직임이 대칭적이다. MP-86 앉은 자세에서 기는 자세로 바꾼다. MP-87 몸통을 좌우로 돌린다. MP-88 몸이 앞으로 넘어질 때 한쪽 방향으로 팔을 뻗어 균형을 잡는다. (계속)		

소근육 운동	자세/균형	이행 능력	활동성 운동
움켜잡기/손 뻗기/사물 조작	머리 가누기/앉기/서기	기기/걷기/달리기/기어오르기	던지기/뛰어넘기/차기
MF-72 엄지와 검지, 중지로 물건을 잡는다. MF-73 사물을 조작하면서 놀이한다. MF-74 나무판에서 못을 뺀다. MF-75 두 개의 블록을 가지고 있으면서 또 다른 블록을 잡으려 한다. MF-76 가위를 어설프게 잡는다. MF-77 사물을 잡거나 조작할 때 손과 손가락을 사물의 크기와 모양에 맞추어 조정한다. 	MP-89 무엇인가를 잡고 끌어당기면서 일어선다. MP-90 다리를 대칭으로 뻗는다. MP-91 걷기를 시도한다. MP-92 무게 이동을 통해 손 구부리기가 발달한다. MP-93 몸을 똑바로 세울 수 있다. MP-94 기어 다니면서 이동한다. MP-95 반 무릎 꿇기를 한다. MP-96 장난감을 찾기 위해 앉은 자세에서 90도로 몸을 돌린다. MP-97 서 있는 자세로 지탱해 주면 반사적으로 무릎을 굽혔다 폈다 하면서 몸을 튕긴다. MP-98 물건에 닿으려고 한 손을 뻗치면서 돌아다닌다.		

먹 기	자기관리 배변/옷 입기/청결 유지	정리정돈	일상생활
AE-11 혀 밀기 반사, 입 벌리기 반사가 줄어든다. 단단한 음식을 받아들인다(예: 아기가 씹기 좋게 만든 음식, 다양한 채소와 고기를 다져서 만든 음식, 쉽게 먹을 수 있도록 미리 만들어진 음식, 소량의 음식). AE-12 아기용 식탁 의자에 똑바로 앉아 있는다. AE-13 이가 나기 시작한다. AE-14 엄지와 검지를 사용해서 음식을 집는다. AE-15 한 입 크기의 조그마한 음식을 좋아한다. AE-16 질식시킬 가능성이 있는 음식과 사물(예: 동전, 구슬)을 입에 넣기 시작한다. AE-17 숟가락을 두드리고 떨어뜨리고 내던진다. (계속)	AS-03 기저귀 차기		

먹 기	자기관리 배변/옷 입기/청결 유지	정리정돈	일상생활
AE-18 음식물과 사물을 향해 손을 뻗친다. AE-19 음식을 천천히 씹어 먹는다. AE-20 으깨거나 다지거나 갈아서 만든 음식을 어른이 먹여 주면 먹는다. AE-21 컵을 잡아 들어 주면 마신다. AE-22 도움 없이 우유병을 잡고 있는다. AE-23 음식물(예: 크래커, 쿠키)을 잡고 베어 먹는다. AE-24 혀의 분화가 시작된다.			

4단계

9~12개월

사물 사용		
탐 색	기능적 사용	문제해결
C01-27 사물을 입에 넣고, 빨고, 탕탕 친다. C01-28 장난감을 컵이나 그릇에 떨어뜨리고, 다시 그것을 끄집어낸다. C01-29 작은 공간 안으로 몸을 비집고 들어갔다가 밖으로 나오려고 한다. C01-30 환경을 탐색한다. 서랍을 열거나 선반 위를 둘러본다. C01-31 사물을 던진다.	C02-05 아동들이 일반적으로 하는 것과는 다소 다른 행동을 모방한다. C02-06 간단한 동작을 모방한다(예: 차 밀기, 낙서하기).	C03-13 시범을 본 후 도구(숟가락, 포크와 같이 단순한 도구)를 사용한다. C03-14 결과를 만들어 낼 목적으로 어떤 행동을 한다. C03-15 우회하여 목표에 도달한다(사물을 얻기 위해 장애물 주변을 돌아서 원하는 사물에 도달한다).

변별/연합/분류		
사회성	행 동	사 물
CD1-15 주의집중하는 이야기에 반응한다.	CD2-04 음악 소리에 몸이나 손의 움직임으로 반응한다. CD2-05 관련성을 보여 주기 위해 두 대상을 적절히 연합하지만, 아직 운동 능력이 미숙하다(예: 손을 컵에 갖다 댄다. 그러나 성공적으로 사용하지는 못한다).	CD3-04 서로 관련이 없는 사물을 의도적으로 함께 둔다. CD3-05 두 개의 사물의 관련성을 나타내기 위해 서로 가까이에 또는 함께 둔다(예: 입에 수저 대기, 머리에 빗 올려놓기).

상징적 표상			
기억(대상영속성)	의도성	그리기/쓰기/읽기	가장놀이
CS1-08 보이지 않는 곳에서 나는 소리에 흥미를 보인다(예: 용기 안에서 내용물이 짤랑짤랑 흔들리는 소리가 나면 신기하게 바라본다). CS1-09 덮개 아래에 사물을 숨기는 것을 반복해서 보여 주고 같은 자리에 그 사물을 놓으면, 사물이 다른 덮개 아래로 옮겨지는 것을 보았음에도 불구하고 그 이전 덮개 아래서 사물을 찾으려 한다.	CS2-13 원하지 않는 사람이나 사물을 멀리 민다. CS2-14 '오!'와 같은 감탄사를 사용한다. CS2-15 하나 또는 그 이상의 의미 있는 단어(예: 아빠, 아가)를 자주 말한다. CS2-16 귀찮게 굴거나 악을 쓰거나 웃음을 준다. CS2-17 화나게 하는 행동을 하면서 양육자의 한계를 시험한다. CS2-18 원하는 것을 알리기 위해 제스처를 사용한다(손을 뻗거나 어떤 자세를 취하거나 시선을 고정한다).		

수용언어	화용론	언어 유창성	모 방
주의/식별/이해	의사 전달/어법	음운론/사전적 형태/문법적 형태	자발적 모방/유도된 모방
LR-26 말소리에 대한 집중과 반응이 이전보다 강하고 길게 나타난다. LR-27 부모의 요구에 빈번히 장난감을 건네준다. LR-28 엄마(또는 양육자)가 바라보는 사물을 쳐다본다. LR-29 간단한 지시를 따른다. LR-30 간단한 질문을 이해한다.	LP-10 '오오!'와 같은 감탄사를 사용한다. LP-11 원하는 것을 알리기 위해 제스처를 사용한다(예: 손 뻗치기, 자세, 시선). LP-12 요구에 적절한 언어적 반응을 한다(예: '빠이빠이'라고 말한다). LP-13 재미있는 일을 계속해 달라고 조르고 소리를 지른다(예: 계속해서 간질이면 또 해 줄 것을 기다리면서 까르르 웃는다). LP-14 특정한 항목을 특정한 단어로 표현한다(예: 과자를 '까까'라고 말한다).	LL-17 종종 뜻을 알 수 없는 말을 사용한다(예: 말이 안 되지만 네 개 이상의 음절로 된 짧은 문장 같아 보이는 말). LL-18 일상에서 긴 문장 형태로 말하듯 장난감과 사람에게 소리를 낸다. LL-19 종종 하나 이상의 의미 있는 단어를 분명하게 말한다(예: 아가, 빠빠, 애완동물이나 장난감 이름). LL-20 세 개 이상의 단어를 일관성 있게 사용한다.	LI-03 소리-동작놀이를 먼저 시작한다(예: 쎄쎄쎄, 까꿍놀이). LI-04 아동이 이미 알고 있는 단어를 모방한다. 알아들을 수 있게 말한다.

4단계

9~12개월

관계행동

애착/어른/또래

SR-29 다른 아이들의 반응에 민감하다. 다른 아이가 울면 따라 운다.

SR-30 장난감을 내밀어 보여 주기는 하지만, 자진해서 주지는 않는다.

SR-31 관심을 얻기 위한 행동을 한다.

SR-32 주양육자에게 보이는 애착을 다른 사람에게까지 확장한다.

자기인식/표현

정서적 반응/자기중심성/독립성/의존성

SA-11 자신과 자기 것을 보호하고, 장난감을 갖기 위해 싸우기도 한다.

SA-12 형제자매와의 관계에서 자기 자신을 내세우는 경우가 많아진다.

SA-13 어른이 지시하거나 장난감을 회수하는 것 또는 놀이를 끝내는 것에 대해 강한 거부를 나타낸다.

SA-14 감정을 나타낸다(예: 아픔, 슬픔, 기쁨, 화남, 불편함).

SA-15 괴롭히거나, 놀라거나, 소리치거나 또는 재미있는 행동을 보인다(예: 번갈아 간질이면서 낄낄거리며 웃는다).

사회규칙

사회적 놀이/규칙 이행/책임감

SS-11 물체를 가지고 '탕탕' 치는 것을 즐긴다.

SS-12 놀이 중에 장난감을 내던진다.

SS-13 감각적 자극을 얻기 위해 장난감을 조작한다(예: 흔들기, 뒤집기, 돌리기).

SS-14 먼저 시범을 보이면 모방하여 장난감을 '톡톡' 친다.

SS-15 음악 리듬에 맞추어 몸이나 손을 움직이면서 반응한다.

4단계

9~12개월

운동

소근육 운동	자세/균형	이행 능력	활동성 운동
움켜잡기/손 뻗기/사물 조작	머리 가누기/앉기/서기	기기/걷기/달리기/기어오르기	던지기/뛰어넘기/차기
MF-78 연필의 최대한 끝 쪽을 잡는다. MF-79 움켜잡기: 엄지, 검지, 중지와 손바닥 안쪽을 사용하여 물건을 움켜잡는다. MF-80 손뼉을 친다. MF-81 움켜잡기: 집게 잡기를 한다(예: 검지와 엄지의 바닥 면이 마주 보게 잡는다). MF-82 컵 안에 들어 있는 사물을 꺼낸다. MF-83 팔을 쭉 편 상태로 손목과 손가락을 움직인다. MF-84 구멍 속이나 구멍 근처를 손가락으로 찌른다. MF-85 엄지와 검지로 물건을 잡아 옮긴다. (계속)	MP-99 굴렀다가 다시 제자리로 굴러온다. MP-100 반 무릎 자세로 앉는다(예: 서기 위해 반 무릎 자세를 취한다).  MP-101 돌진한다(예: 손을 휘저으면서 추진력 있게 발을 움직여 약 1m 앞으로 질주하듯 달린다). MP-102 약간씩 방향을 틀면서 돌아다닌다. MP-103 누운 자세에서 도움 없이 혼자 일어선다. MP-104 2초 동안 혼자 서 있는다. MP-105 안정된 물체 옆에 서 있는다. (계속)	ML-08 손과 무릎을 바닥에 대고 어깨와 엉덩이를 올린 상태로 5초 동안 지탱하고는 있다.  ML-09 돌아다닌다(예: 가구를 붙잡고 걷는다). ML-10 어떤 도움도 없이 혼자서 세 걸음을 걷는다. ML-11 한 손과 손의 반대편 무릎으로 바닥을 짚어 가며 약 90cm를 기어간다. ML-12 균형과 조화를 이루며 혼자서 다섯 걸음을 걷는다. ML-13 안정된 물체를 잡고 옆으로 네 걸음을 걷는다. ML-14 교차적으로 발걸음을 떼는 움직임을 네 걸음 걷는다. ML-15 한 손을 잡아 주면 발을 번갈아 떼면서 네 걸음을 걷는다. (계속)	

소근육 운동	자세/균형	이행 능력	활동성 운동
움켜잡기/손 뻗기/사물 조작	머리 가누기/앉기/서기	기기/걷기/달리기/기어오르기	던지기/뛰어넘기/차기
MF-86 집게 잡기로 물건을 집어 든다(예: 엄지와 검지 또는 중지의 끝 부분을 사용하여 물건을 집어 탁자 위로 옮긴다). MF-87 물결치듯 병을 흔든다. MF-88 모양 판에 있는 둥근 블록들을 뺀다. MF-89 컵 안에 사물을 넣는다. MF-90 집게 잡기를 능숙하게 하여 작은 물건을 잡는다(예: 엄지와 검지 또는 중지 그리고 손목을 함께 사용하여 물건을 집어 탁자 위로 옮긴다). MF-91 오른손과 왼손의 기능이 각기 구분되어 있다. (계속)	MP-106 균형을 잡아 넘어지지 않고 자세를 낮추어 앉는다. MP-107 앉기: 균형을 잃거나 또는 바닥을 짚지 않고 앉아 몸을 앞으로 기울여 장난감을 잡는다. MP-108 엎드려 있는 자세에서 몸을 일으켜 앉는다. MP-109 몸을 180도 회전시키면서 엉덩이를 함께 돌린다. MP-110 앉는 자세가 다양하다. MP-111 균형이 무너졌을 때 뒤쪽으로도 균형을 잡을 수 있다. MP-112 안정적으로 무릎 꿇은 자세로 논다. MP-113 비대칭적인 동작으로 자세를 낮춘다. MP-114 혼자 일어선다.	ML-16 난간이나 벽과 같은 지지물의 도움을 받아 계단을 오른다.	

소근육 운동	자세/균형	이행 능력	활동성 운동
움켜잡기/손 뻗기/사물 조작	머리 가누기/앉기/서기	기기/걷기/달리기/기어오르기	던지기/뛰어넘기/차기
MF-92 팔을 뻗어 사물을 잡는 동작이 협응되어 하나의 연속 동작이 된다. MF-93 검지로 무엇인가를 가리킨다. MF-94 장난감 차를 민다. MF-95 고리 끼우기 막대기에 고리를 끼워 넣는다. MF-96 의도적으로 주먹을 편다(예: 무의식적으로 쥐고 있던 사물을 떨어뜨린다기보다는 의식적으로 주먹을 스르르 편다). MF-97 컵에 세 개의 정육면체 블록을 넣는다. MF-98 컵에 스푼을 넣고 팔과 손을 상하좌우로 움직이며 젓는다.			

먹 기	자기관리 배변/옷 입기/청결 유지	정리정돈	일상생활
AE-25 두 손으로 잡을 수 있는 아기 전용 컵을 들고 있는다. AE-26 혼자서 먹는 기술이 향상된다. 컵과 우유병을 좀 더 오랫동안 잡고 있는다. AE-27 음식을 찔러 보고, 손으로 문지르고, 더럽히는 것을 즐긴다. AE-28 음식을 '탕탕' 치고, 떨어뜨리고, 던진다. AE-29 아기용 식탁 의자에 잘 앉아 있는다. AE-30 숟가락과 포크의 사용을 시도하지만, 대부분 흘린다. AE-31 걸쭉한 음식을 먹는다. AE-32 손으로 능숙하게 음식을 먹는다. AE-33 작게 썰어서 요리된 야채를 먹는다. AE-34 입으로 녹여 먹는 음식을 먹는다. AE-35 한 손으로 컵을 든다.	AS-04 기저귀 차기		

5단계

12~18개월

사물 사용		
탐 색	기능적 사용	문제해결
C01-32 한 손으로 두 개의 사물을 집어 들고 그대로 있는다. C01-33 시행착오를 통해 사물을 탐색한다.	C02-07 사물을 용도에 맞게 사용한다(예: 컵으로 물 마시기, 빗으로 머리 빗기). C02-08 때때로 단순한 행동을 여러 번 반복한다(예: 혼자서 장난감을 던지고 그것을 반복해서 한다). C02-09 좀 더 복잡한 놀이를 모방한다(예: 인형을 토닥이며 재운다). C02-10 작은 물건을 집어 용기의 작은 입구를 통해 안으로 떨어뜨린다. C02-11 두 개의 블록으로 탑을 쌓는다. C02-12 작은 쇠고리로 고정된 용기의 뚜껑을 연다. C02-13 사물을 가지고 일련의 활동을 수행한다. C02-14 똑딱단추를 서로 맞춘다. C02-15 시행착오를 통해 성공하게 되면서 모방이 가능해진다. C02-16 3~4개의 블록으로 탑을 쌓는다.	C03-16 손이 닿을 수 있는 거리 안으로 장난감을 끌어당기기 위해 다른 장난감을 도구로 사용한다. C03-17 어른에게 제스처를 취하거나 요구하여 장난감을 가지고 반복적인 행동을 하겠다는 욕구를 나타낸다. C03-18 용기 안에 들어 있는 작은 사물을 꺼내려고 시도한다. C03-19 시행착오적인 시도를 한다. C03-20 용기 뚜껑을 닫으려고 시도한다. C03-21 도구를 사용한다. C03-22 어른의 근접한 곳에 장난감을 두고 어른이 장난감을 가지고 하는 활동을 관찰한다.

변별/연합/분류		
사회성	행 동	사 물
CD1-16 '너'와 '나'를 구별한다. CD1-17 친숙한 사람이 없어지면 인식한다.	CD2-06 놀이하는 동안 장난감을 조작하거나 작동을 시도해 본다.	CD3-06 유사한 대상들을 그룹으로 묶는다(예: 소파, 책상 의자, 나무 의자 등은 모두 의자에 속한다). CD3-07 원과 정사각형 모양을 식별한다.

상징적 표상			
기억(대상영속성)	의도성	그리기/쓰기/읽기	가장놀이
CS1-10 장소가 어디든지 간에 사물이 사라진 가장 최근의 장소에서 그 사물을 찾으려 한다. CS1-11 숨바꼭질을 한다. CS1-12 사물이 주로 놓여 있던 장소에 그것을 놓는다.	CS2-19 손짓과 그 밖의 제스처 그리고 소리를 함께 사용하여 원하는 사물을 얻으려 한다. CS2-20 때때로 요구, 소유, 동작 또는 확인을 위해 한 단어를 사용한다. CS2-21 손을 흔들거나 '안녕' 또는 '빠이 빠이'를 말하면서 인사한다. CS2-22 요구, 소유 또는 속성에 관해 말할 때 적합한 단어를 사용한다.	CS3-02 낙서를 모방한다. CS3-03 그림을 호명하면, 2분 이상 흥미를 가지고 그것을 쳐다본다.	CS4-01 인형, 트럭, 소꿉놀이 세트와 같은 상징적인 장난감을 가지고 그에 적합한 행동을 보인다.

5단계

12~18개월

언어/의사소통

수용언어	화용론	언어 유창성	모 방
주의/식별/이해	의사 전달/어법	음운론/사전적 형태/문법적 형태	자발적 모방/유도된 모방
LR-31 요구에 반응한다(예: '코는 어디 있니?'에 대한 반응으로 코를 가리킨다). LR-32 다른 사람의 말을 알아들었다는 의미를 나타내는 행동을 한다(예: 어른의 말을 듣고 고개를 돌리거나 미소를 짓는다). LR-33 요구하면 신발이나 옷을 보여 준다. LR-34 말하는 사람의 숨겨진 의도와 감정을 이해하는 것으로 보인다. LR-35 요구에 따라 두 개의 친숙한 사물을 가리킨다. LR-36 사물이나 그림의 이름을 호명하면 그것을 알고 정확히 지적한다. (계속)	LP-15 손으로 가리키거나 제스처를 사용하는 것과 함께 소리를 내어 원하는 사물을 얻으려 한다. LP-16 때때로 요구, 소유, 행동, 명명에 대한 의사소통을 하기 위해 간단한 단어를 사용한다. LP-17 다른 사람에게 어떤 행동을 하도록 요구한다(예: 어른을 쳐다보면서 어른의 손을 과자 상자로 이끈다). LP-18 원하지 않는 활동을 중단하도록 요구한다(예: 원하지 않는 음식을 주었을 때 손을 밀쳐 낸다). LP-19 다른 사람이 어떤 사물에 주목하도록 이끈다(예: 어른을 보면서 장난감 차를 들어 보이며 미소 짓는다). (계속)	LL-21 어른의 대화 소리에 의미 있는 단어는 아니지만 재잘거리며 흉내 낸다. LL-22 뜻을 알 수 없는 말을 할 때 어느 정도 실제 단어를 사용한다. LL-23 종종 'ㅌ' 'ㄷ' 'ㄴ' 'ㅎ' 같은 소리의 자음을 사용한다. LL-24 제스처, 소리, 실제 단어를 사용하여 의사소통을 한다. LL-25 보통 일곱 개 이상의 실제 단어를 사용한다. LL-26 표현하는 어휘 수가 지속적으로, 점진적으로 증가한다.	LI-05 새로운 단어를 모방하려는 소리를 낸다. LI-06 새로운 단어를 어느 정도 모방한다. LI-07 종종 대화 중 우연히 들은 단어를 따라 말한다. LI-08 반드시 의미 있는 단어는 아니더라도 어른의 대화 소리를 모방하며 재잘거린다. LI-09 말로써 단어를 모방한다. LI-10 새로운 단어를 모방한다. LI-11 얼굴 표정을 모방하고자 시도한다.

수용언어	화용론	언어 유창성	모 방
주의/식별/이해	의사 전달/어법	음운론/사전적 형태/문법적 형태	자발적 모방/유도된 모방
LR-37 신체의 여러 부위의 이름을 명확히 안다. LR-38 다른 방에 있는 친숙한 사물 중 하나를 가져오도록 언어적으로 지시하면 그것을 이해하고 수행한다.	LP-20 인사를 나누며 그 상황에 맞는 통상적인 의례를 행한다. 엄마가 떠날 때 '빠이' 하고 손을 흔든다(예: "안녕" "빠이~ 해 주세요" "고맙습니다"). LP-21 실제 단어를 사용하여 요구, 소유, 활동, 명명에 관한 의사를 전달한다. LP-22 사물의 움직임이나 사람들의 행동에 반응한다(예: 어른이 얼굴 표정을 지으면 미소 지으면서 어른을 쳐다본다).		

관계행동

애착/어른/또래

SR-33 우습거나 웃게 만드는 특정 상황을 알기 시작한다.

SR-34 '너'와 '나'를 구분한다.

SR-35 특정 행동에 대해 웃어 주면 그 행동을 반복한다.

SR-36 아동을 잡으려 하면 까르르 웃는다.

SR-37 낯익은 사람이 없는 것을 인식하고 그 사람을 찾는다.

SR-38 '고맙습니다'와 유사한 발음(예: 고마시다)을 사용한다.

SR-39 장난스러운 상황을 좋아한다.

SR-40 장난감을 상대방에게 주거나 보여 준다.

SR-41 아동은 동작이나 언어적 활동을 먼저 주도하고, 어른의 반응을 관찰한 뒤, 주고받기 식 행동을 지속하기 위해 어른의 행동을 따라 하거나 적절한 반응을 보인다.

SR-42 동화책을 읽어 주면 좋아한다.

자기인식/표현

정서적 반응/자기중심성/독립성/의존성

SA-16 부모에게 애착행동을 보인다.

SA-17 화가 나면 상대방을 때린다.

SA-18 부모를 화나게 하여 한계를 시험한다.

SA-19 충동적으로 행동하고, 행동의 규칙을 인식하거나 이해하지 못한다.

SA-20 일상적인 일에서 벗어나는 것, 즉 변화를 싫어한다.

SA-21 '내가 하겠다.'는 욕구가 강해진다.

사회규칙

사회적 놀이/규칙 이행/책임감

SS-16 놀이 중에 장난감을 내던진다(짜증의 표시가 아니다).

SS-17 호명한 사물을 가져오는 심부름을 한다.

SS-18 언어적 훈육이 받아들여지지 않는다(자기 고집을 내세운다. 즉, 말이 거의 의미가 없다).

SS-19 공으로 간단한 게임을 할 수 있고, 공을 잡거나 건네준다.

SS-20 음악을 듣고 리듬에 맞춰 춤을 춘다.

SS-21 여러 개의 작은 장난감을 가지고 놀다가 그것을 집어 들어 하나씩 떨어뜨린다.

SS-22 활동적으로 잡기놀이를 한다.

SS-23 혼자 놀이를 한다.

SS-24 사물을 가지고 놀다가 금세 흥미를 잃고 버린다.

SS-25 사물에 대한 실험 능력은 손으로 조작하는 놀이가 전부다.

SS-26 인형이나 장난감을 가지고 다니거나 안아 준다.

(계속)

관계행동	자기인식/표현	사회규칙
애착/어른/또래	정서적 반응/자기중심성/독립성/의존성	사회적 놀이/규칙 이행/책임감
		SS-27 차례대로 맞추거나 끼우는 장난감을 가지고 놀거나 시도해 본다(예: 크기 순서대로 포개기, 링 끼우기). SS-28 숨바꼭질 놀이를 한다. SS-29 집안일을 모방한다.

5단계

12~18개월

운동

소근육 운동	자세/균형	이행 능력	활동성 운동
움켜잡기/손 뻗기/사물 조작	머리 가누기/앉기/서기	기기/걷기/달리기/기어오르기	던지기/뛰어넘기/차기
MF-99 연필의 중간 부분을 잡는다. MF-100 용기에 달린 작은 뚜껑을 연다. MF-101 사물을 한 손으로 잡고, 다른 손으로 조작한다. MF-102 사물의 끈을 잡아 대롱대롱 매달리게 쥔다. MF-103 책장을 넘긴다. MF-104 작은 그릇 안에 작은 물체를 정밀하게 넣는다. MF-105 장난감 못 판에서 세 개의 못을 뽑는디. MF-106 집게 잡기를 능숙하게 한다. 엄지와 검지, 중지를 사용하여 사물을 탁자 위로 들어 올린다. MF-107 병을 바닥에 쏟아부어 그 안에 있는 작은 물체를 꺼낸다. (계속)	MP-115 서 있는 동안 무게중심을 옮긴다. MP-116 도움 없이 일어선다(예: 한쪽으로 굴러서 앉은 다음 선다). MP-117 회전하기: 조금씩 보폭을 바꾸어 걸으면서 반 바퀴 회전한다. MP-118 잡아 주면 오른발로 선다. MP-119 잡아 주면 왼발로 선다.	ML-17 가슴으로 기기: 장난감을 얻기 위해 어른의 무릎을 넘어 기어 간다. ML-18 무릎 구부리기: 쓰러지지 않고 5초 동안 균형 잡힌 자세를 유지한다. ML-19 팔과 무릎으로 기기: 바닥에 두 발의 발바닥 앞쪽 부분과 손바닥을 대고 긴다. ML-20 뒤로 두 걸음 걷는다. ML-21 잡아 주면 계단을 내려간다. ML-22 혼자서 네다섯 걸음을 걷는다(예: 양팔을 벌리고 팔꿈치를 구부린 자세). ML-23 한 손을 잡아 주면 약 2m 40cm 거리를 걷는다. (계속)	MA-01 앉은 자세에서 공을 집어 던진다. MA-02 공을 굴린다. MA-03 근육을 쭉 뻗어 공을 던진다. MA-04 의도한 방향으로 약 1m 거리에 공을 던진다. MA-05 제자리에서 점프한다. MA-06 공차기를 모방한다. 공을 몰고 가면서 찬다.

소근육 운동	자세/균형	이행 능력	활동성 운동
움켜잡기/손 뻗기/사물 조작	머리 가누기/앉기/서기	기기/걷기/달리기/기어오르기	던지기/뛰어넘기/차기
MF-108 한 손에 두 개의 사물을 쥐고 들어 올린다. MF-109 컵에 블록 여섯 개를 넣고, 뺀다. MF-110 두 개의 블록으로 탑을 쌓는다. MF-111 동그라미 퍼즐을 맞춘다. MF-112 나무못 판에 못 한 개를 꽂는다. MF-113 그릇 안에 구슬을 넣는다. MF-114 시행착오를 겪으면서 탐색한다. MF-115 블록을 해체한다. MF-116 일 분 안에 병 속에 작은 사물을 10개 정도 넣는다. MF-117 컵에 블록 일곱 개를 넣는다. MF-118 연필을 잡을 때 손끝 부분을 사용한다. (계속)		ML-24 옆으로 두 걸음 걷는다. ML-25 계단 두 개는 걸어 올라가고 세 번째 계단부터 기어 올라간다. ML-26 뒤꿈치와 발가락을 사용하는 정상적인 걸음걸이로 빠르게 약 3m를 걷는다. ML-27 뒤로 다섯 걸음 걷는다. ML-28 각 계단에 두 발을 놓으면서 벽이나 난간을 잡고 계단 네 개를 올라간다. ML-29 각 계단에 두 발을 놓으면서 벽이나 난간을 잡고 계단 네 개를 내려온다. ML-30 빠른 걸음으로 걷는다.	

소근육 운동	자세/균형	이행 능력	활동성 운동
움켜잡기/손 뻗기/사물 조작	머리 가누기/앉기/서기	기기/걷기/달리기/기어오르기	던지기/뛰어넘기/차기
MF-119 종이가 움직이지 않고 제자리에 있도록 손으로 고정한다. MF-120 3~4개의 블록으로 탑을 쌓는다. MF-121 동그라미 모양의 퍼즐을 두 조각 맞춘다. MF-122 휘갈겨 그리기를 모방한다. MF-123 책을 한 번에 2~3장씩 넘긴다.			

먹 기	자기관리 배변/옷 입기/청결 유지	정리정돈	일상생활
AE-36 집중하는 시간이 늘어난다(예: 식탁 의자에 전보다 오래 앉아 있는다).	AS-05 기저귀 차기	AC-01 장난감 치우는 것을 돕는다.	
AE-37 '혼자 하겠다.'는 욕구가 강해진다(예: 밥을 먹여 주면 자신이 혼자 먹겠다고 주장한다).	AS-06 바지를 잡아당기는 행동을 하거나 말로써 바지가 젖거나 더럽혀졌다는 것을 알린다.		
AE-38 음식을 손으로 잘 먹는다.	AS-07 어른 변기나 아기용 변기에 앉는 것을 재미있어 한다.		
AE-39 대부분의 음식물을 잘 씹어 먹는다.	AS-08 모자를 쓰고 벗는다.		
AE-40 컵을 이용하여 마실 때 입술을 밀착시켜 흘리지 않는다.	AS-09 옷 입는 것에 협력한다. 코트 소매에 팔을 집어넣는다.		
AE-41 마시는 동안 컵과 미리를 기울여 잘 흘리지 않는다.	AS-10 지퍼를 아래로 밀어 내린다.		
AE-42 숟가락을 좀 더 능숙하게 잡는다. 그러나 아직 많이 흘린다.	AS-11 자기 옷은 스스로 고르려고 한다.		
AE-43 가만히 앉아서 먹기를 거부하고, 이리저리 돌아다닌다.	AS-12 옷을 쉽게 벗는다.		
AE-44 다른 사람의 접시에 있는 것을 가져온다. (계속)	AS-13 신발과 양말을 신으려고 시도한다.		

먹 기	자기관리 배변/옷 입기/청결 유지	정리정돈	일상생활
AE-45 가족과 함께 앉아서 식사한다. AE-46 가정에서 요리한 잘게 자르고 으깬 음식을 먹는다. AE-47 숟가락과 포크를 사용하여 혼자서 먹기 시작한다.			

6단계

18~24개월

사물 사용		
탐 색	기능적 사용	문제해결
CO1-33 시행착오를 통해 사물을 탐색한다.	CO2-17 6~8개의 블록으로 탑을 쌓는다. CO2-18 구슬 세 개를 실에 꿴다. CO2-19 무딘 가위로 종이 한쪽을 잘라 낸다. CO2-20 유아용 그림책(두꺼운 종이로 된)을 한 번에 한 장씩 넘긴다. CO2-21 장난감에 적합한 일련의 활동을 수행한다(예: 인형에게 우유를 먹이고, 트림을 시키고, 재운다). CO2-22 동일한 대상에게 서로 다른 두 개의 장난감을 가지고 동일한 활동을 한다(예: 인형에게 한 번은 병 채로, 또 한 번은 컵으로 음료를 먹인다). CO2-23 서로 다른 두 대상에게 하나의 장난감을 가지고 동일한 활동을 한다(예: 먼저 인형에게 우유를 먹인 다음 어른에게 우유를 먹인다). CO2-24 사물의 크기와 모양에 따른 관련성을 알고 있는 것으로 보인다.	CO3-23 기계적으로 조작하는 장난감을 작동시키기 위한 특정 활동을 한다. CO3-24 행동하기 이전에 통찰한다. CO3-25 사물의 모양에 주목하고 적합하게 사용한다. CO3-26 문제를 해결하는 데 어려운 점을 미리 생각해 보고 성공적인 접근을 선택한다. CO3-27 자발적으로 기계적인 장난감의 작동을 시도한다.

변별/연합/분류		
사회성	행 동	사 물
	CD2-07 주요 신체 부위를 안다.	CD3-08 서로 관련 있는 사물들을 무질서하게 함께 놓는다(예: 탁자 위에 어떤 특별한 배열 없이 접시를 올려놓는다). CD3-09 일상적인 사물의 이름을 대부분 안다. CD3-10 퍼즐 판에 네모, 세모, 동그라미 모양의 퍼즐을 맞춘다.

상징적 표상			
기억(대상영속성)	의도성	그리기/쓰기/읽기	가장놀이
CS1-13 사물이 사라진 장소에서 그것을 찾을 수 없을 때, 사물이 숨겨져 있을 만한 장소를 체계적으로 찾아본다. CS1-14 매우 간단하고 서로 관련된 지시 사항을 세 개까지 순차적으로 시행한다(예: 아기에게 우유를 먹이고, 트림을 시킨 다음, 아기를 재운다). CS1-15 현재 눈앞에 보이지 않는 사물과 사건에 관하여 이야기를 나눈다. CS1-16 이전 놀이시간에 사물이 마지막으로 놓여 있던 곳을 기억하고 그곳에서 사물을 찾는다.	CS2-23 소망과 요구를 표현하기 위해 제스처보다는 단어를 사용하기 시작한다. CS2-24 종결의 의미로 자발적으로 손을 흔든다. CS2-25 종종 두 개념의 단어를 한 문장 또는 한 문구에 함께 사용한다(예: "아빠가 갔어. 안녕 잘 가."). CS2-26 알아들을 수 없는 단어와 알아들을 수 있는 실제 단어를 혼용하여 경험을 이야기한다. CS2-27 자기 이름을 사용하여 자신을 말한다.	CS3-04 수직선, 수평선, 원을 모방하여 그린다. CS3-05 사진 속에 있는 사물을 인식한다.	CS4-02 놀이 중 주변에서 나는 소리(예: 동물 울음소리, 기계 소리)를 따라 한다. CS4-03 놀이 중 서로 관련이 없는 사물을 사용하여 실제 사물을 대체한다(예: 벽돌을 차로, 바나나를 전화기로 사용한다). CS4-04 실생활의 경험을 상상놀이에 나타낸다(예: 잠자기, 먹기). CS4-05 어른의 옷을 입고 어른의 역할을 흉내 낸다.

수용언어	화용론	언어 유창성	모 방
주의/식별/이해	의사 전달/어법	음운론/사전적 형태/문법적 형태	자발적 모방/유도된 모방
LR-39 요구에 따라 신체의 여러 부위와 옷의 여러 항목을 가리킨다. LR-40 활동을 나타내는 단어를 이해하고 적합한 반응을 보인다. LR-41 활동을 나타내는 단어를 이해한다(예: "이리 와."). LR-42 간단한 한 가지 지시에 따른다. LR-43 간단한 질문을 이해하고 두 개의 연속된 지시를 수행한다(예: "공을 가져다가 인형에게 줘."). LR-44 일상적인 사물과 그림을 호명하면, 대부분 알고 맞힌다. (계속)	LP-23 원하거나 필요로 하는 것을 표현하기 위해 제스처보다는 단어를 더 많이 사용한다. LP-24 헤어짐의 의미로서 자발적으로 손을 흔들어 '빠이빠이' 한다. LP-25 뜻을 알 수 없는 말과 실제 단어를 사용하여 경험에 대해 말하려고 시도한다. LP-26 현재 일어나지 않은 사건 혹은 사물에 대해 이야기한다. LP-27 뜻을 알 수 없는 말과 실제 단어를 사용하여 경험에 대해 말한다. LP-28 본인의 이름을 사용하여 자신을 언급한다. (계속)	LL-27 자발적으로 10~20개의 단어를 사용한다. LL-28 종종 한 문장 안에 다른 개념을 나타내는 두 개의 단어를 사용한다(예: "아빠 갔어, 아가 먹어, 공 가."). LL-29 매주 새로운 단어를 점점 더 많이 사용한다. LL-30 종종 세 단어로 이루어진 문장을 사용한다(예: "그곳에 그것이 있어."). LL-31 정확하지는 않지만 문장에 내명사를 사용하기 시작한다. LL-32 다양한 자음과 모음 소리를 만들어 낸다. (계속)	LI-12 놀이 중에 주변에서 나는 소리를 모방한다(예: 동물 울음소리, 자동차 소리). LI-13 2~3개 단어로 이루어진 문장을 모방한다. LI-14 단어를 반복한다. LI-15 뜻을 알 수 없는 말(음성 모방)과 반향어가 나타난다.

6단계

18~24개월

언어/의사소통

수용언어	화용론	언어 유창성	모 방
주의/식별/이해	의사 전달/어법	음운론/사전적 형태/문법적 형태	자발적 모방/유도된 모방
LR-45 일련의 2~3개의 매우 간단하고 서로 관련된 지시를 따른다(예: "인형에게 우유를 먹이고, 트림을 시키고, 재워 주세요.") LR-46 일상의 새로운 단어를 인식하고 어휘 수가 증가한다.	LP-29 한 단어로 여러 종류의 사물을 대표한다(예: '의자'는 여러 형태의 의자를 의미한다).	LL-33 간단한 단어나 구로 복합적인 의미를 전달한다(예: '모두 갔어'는 사물이 사라진 것, '위로'는 끌어 올리라는 것, '내 것'은 자기 소유임을 나타낸다). LL-34 다양한 음소를 25개까지 만들어 낸다. LL-35 현재 진행형을 사용하기 시작한다(예: "엄마가 운전하고 있어요."). LL-36 어른의 요구에 "싫어"라고 말한다.	

관계행동	자기인식/표현	사회규칙
애착/어른/또래	정서적 반응/자기중심성/독립성/의존성	사회적 놀이/규칙 이행/책임감
SR-43 껴안는 것을 좋아한다. SR-44 다른 아동과 등진 상태로 혼자 놀이한다. SR-45 집단놀이 시간 동안 대부분 다른 아이들을 쳐다보지만 혼자 놀이하며 보낸다. SR-46 어른이 가까이 있으면 혼자서도 즐겁게 논다. SR-47 평행놀이를 한다. 다른 아동들 옆에서 놀지만 서로 상호작용하며 놀지는 않는다. SR-48 자신을 보살펴 주는 사람을 즐겁게 해 주고 싶어 한다. SR-49 엄마(또는 양육자) 옆에 있으려 하고, 주기적으로 엄마와 접촉한다(예: 도움 요청하기, 허락 얻기). SR-50 어떤 사건이나 사물에 관하여 다른 사람과 함께 관심을 공유한다. SR-51 다른 사람을 위로한다(예: 옆에 있는 사람이 슬퍼하면 가까이 가서 위로하는 행동을 한다).	SA-22 모든 장난감을 한데 놓거나 숨긴다. SA-23 장난감, 음식 등을 사람들과 나누려 하지 않는다. SA-24 명령하고, 싸우고, 반항한다. SA-25 껴안는 것을 좋아한다. SA-26 '나'의 개념이 생긴다(예: "나는 ~을 하고 싶어요."). SA-27 소유의 개념(예: 내 것)을 형성하기 시작한다. SA-28 독립적인 존재로서 자기에 대한 강한 인식이 생긴다(예: 어른의 요구에 "싫어"라고 말한다). SA-29 얼굴 표정에 나타나는 정서 특성에 맞춰 반응하는 능력이 발달한다. SA-30 사회적 참조(social reference)가 나타난다. 돌봐주는 사람에게서 감정의 단서를 찾는다.	SS-30 요구에 응하기 시작한다. SS-31 물건을 쌓고 무너뜨리는 것을 좋아한다. SS-32 장난감을 밀고 당기면서 주변을 걸어 다닌다. SS-33 상징놀이를 이해한다. 어떤 것을 마치 다른 것인 양 흉내 내어 사용한다(예: 장난감 바나나를 가지고 전화기처럼 귀에 댄다). SS-34 상징놀이를 한다(예: 전화기를 인형의 귀에 댄다). SS-35 그네를 탄다. SS-36 상징놀이(예: 잠자기 놀이)는 가장활동(pretend actions)과 함께 나타난다. SS-37 어른 옷을 입고 어른 역할을 흉내 낸다. SS-38 숨바꼭질 놀이를 한다. SS-39 장난감 속에 물건을 넣거나, 각각을 붙였다가 다시 떼어 놓는 것과 같이 모습이 변하는 장난감을 더 좋아한다.

6단계

18~24개월

운동

소근육 운동	자세/균형	이행 능력	활동성 운동
움켜잡기/손 뻗기/사물 조작	머리 가누기/앉기/서기	기기/걷기/달리기/기어오르기	던지기/뛰어넘기/차기
MF-124 꿰어 있는 구슬 네 개를 실에서 빼낸다. MF-125 수직으로 내려치는 행동을 모방한다(예: 수직에서 20도를 넘지 않는 범위에서 직선으로 내려친다). MF-126 구슬 세 개를 실에 꿴다. MF-127 무딘 가위로 종이의 한 귀퉁이를 자른다. MF-128 블록 5~7개로 탑을 쌓는다. MF-129 그림책(두꺼운 종이로 만들어진)을 한 번에 한 장씩 넘긴다. MF-130 동그라미 모양의 퍼즐 두 개와 사각형 모양의 퍼즐 두 개를 맞춘다.	MP-120 도움 없이 약 2초 동안 오른발로 서 있는다. MP-121 도움 없이 약 2초 동안 왼발로 서 있는다.	ML-31 계단을 오를 때 각 계단에 두 발을 함께 모으며 계단 세 개를 오른다. ML-32 빨리 걷는다. 뻣뻣하게 달린다. ML-33 걷기의 약간 변형된 모습으로 뛴다(예: 한쪽 발에 뻣뻣한 부츠를 신은 것처럼 뛰는 자세가 부자연스럽고 보폭이 일정하지 않다). ML-34 평평한 곳에서 약 3m 거리를 넘어지지 않고 달린다. ML-35 평균대 위를 걷는다(예: 평균대 위를 한 발짝씩 엇걸음 걷는다). ML-36 각 계단에 두 발을 함께 모으며 도움 없이 혼자서 계단 세 개를 내려간다. (계속)	MA-07 서 있는 자세에서 어깨 너머로 공을 던진다. MA-08 걸어가서 큰 공을 찬다. MA-09 몸을 낮추었다가 뛰어오른다. MA-10 공을 약 1m 앞으로 던지면서 직선 방향에서 45도 이상 벗어나지 않는다. MA-11 약 1m 앞으로 공을 찬다(직선에서 20도 이상 벗어나지 않는다). MA-12 약 20~25cm 높이의 안정된 곳에서 한 손을 잡아 주면 바닥을 한 발로 박차고 뛰어내린다. MA-13 약 10cm 앞으로 넘어지지 않고 점프한다. MA-14 두 발을 모아 약 5cm 높이로 점프한다. (계속)

소근육 운동	자세/균형	이행 능력	활동성 운동
움켜잡기/손 뻗기/사물 조작	머리 가누기/앉기/서기	기기/걷기/달리기/기어오르기	던지기/뛰어넘기/차기
		ML-37 넘어지지 않고 달리지만 속도를 줄이거나 정확하게 코너를 돌지 못한다. ML-38 바닥에 그려진 선을 따라 앞으로 걷는다. ML-39 바닥에 그려진 선을 따라 (크게 벗어나지 않으면서) 뒤로 걷는다.	MA-15 시범을 보여 주면 그대로 큰 공을 찬다. MA-16 지시에 따라 큰 공을 찬다.

먹 기	자기관리 배변/옷 입기/청결 유지	정리정돈	일상생활
AE-48 한 손으로 작은 컵을 잡는다. AE-49 빨대를 빤다. AE-50 포크를 사용하여 혼자서 먹는다.	AS-14 낮에 소변 조절이 가능하다. AS-15 화장실에 가고 싶을 때 쪼그리거나 참거나 언어로 표현한다. AS-16 옷 입는 것보다 옷 벗는 것을 더 잘한다. AS-17 자신의 청결을 유지하는 데 관심을 보인다(예: 이를 닦으려고 시도한다. 대개는 칫솔을 문다). AS-18 신발을 신지만 버클이나 끈을 매지는 못한다. AS-19 닦는 행동을 한다(예: 천으로 입 주위를 닦는다). AS-20 돌봐 주는 사람이 자신의 코를 닦을 때 순순히 응한다.	AC-02 물건을 제자리에 돌려놓는 것을 좋아한다. AC-03 요구에 따라 장난감을 옮기고, 치우는 일을 돕는다.	AD-01 뜨거운 것이 위험하다는 사실을 아는 것처럼 보인다.

7단계

24~30개월

사물 사용		
탐 색	**기능적 사용**	**문제해결**
CO1-34 재료를 가지고 놀며 탐색한다(예: 블록 쌓기, 끌어당기기, 플레이도우 굴리기, 압착하기, 상자 채우고 비우기).	CO2-25 친숙한 사물의 기능을 안다(예: "잠자는 데 필요한 것은 무엇이니?"라는 질문에 적절하게 대답한다).	CO3-28 간단한 장난감을 분해하고, 그것을 다시 조립한다.
	CO2-26 연결되어 있는 구슬을 분리시킨다.	CO3-29 겉으로 드러내지 않고 마음속으로 행동을 계획한다.
	CO2-27 문고리를 돌려 문을 연다.	CO3-30 혼자서 간단한 퍼즐을 맞춘다(예: 퍼즐 아홉 조각 이하).
	CO2-28 블록을 쌓는다(예: 수평 또는 수직으로).	CO3-31 연역적 추론을 하기 시작한다(예: "만일 비가 오면, 못 나가요.").
	CO2-29 블록 쌓기를 모방한다.	CO3-32 새로운 문제를 해결하기 위해 이전 경험을 응용한다.

변별/연합/분류		
사회성	행 동	사 물
CD1-18 한 명의 친밀한 어른(예: 엄마)과 가장 좋은 관계를 맺는다.	CD2-08 동작에 대한 단어를 안다. 어떤 동작을 말하면 그것에 적합한 그림을 선택한다(예: '앉아 있다'에 적합한 그림을 안다). CD2-09 신체(의 세부) 부위를 세 개 이상 알고 지적한다(예: 턱, 발목, 손목). CD2-10 사물을 기능에 따라 유목화한다(예: 수저 세트, 자동차 종류).	CD3-11 모양과 재질에 따라 사물을 분류한다. CD3-12 사물을 전체적으로 인식한다. CD3-13 일련의 순서대로 막대기에 링을 꽂는다. CD3-14 적어도 한 개의 색깔 이름을 정확히 말한다.

상징적 표상			
기억(대상영속성)	의도성	그리기/쓰기/읽기	가장놀이
CS1-17 바로 직전에 경험한 것을 이야기한다. CS1-18 사진 속에 있는 친숙한 사람을 알아본다.	CS2-28 '무엇'과 '어디'라는 대명사를 사용하여 질문한다. CS2-29 '내일'과 '어제'에 관해 이야기한다. CS2-30 결과를 예측하는 능력이 발달한다. CS2-31 친숙한 사람이나 사물에 대하여 '누가' '무엇을' '어디에서'처럼 대명사를 사용한 단순한 질문에 대답한다.		CS4-06 집 안에서 엄마(또는 양육자)를 따라다니며 집안일을 놀이로서 모방한다.

수용언어	화용론	언어 유창성	모 방
주의/식별/이해	의사 전달/어법	음운론/사전적 형태/문법적 형태	자발적 모방/유도된 모방
LR-47 부정어를 이해한다(예: "밥 안 먹어." "목욕 안 해." "바보 아니야.").	LP-30 다른 사람의 행동에 대해 이야기를 나눈다.	LL-37 보통 두세 단어로 이루어진 문장을 말한다.	LI-16 동요의 일부분을 읊조리듯 부른다.
LR-48 '무엇'과 '어디'를 사용하여 묻는 의문문 형태를 이해한다.	LP-31 간단한 질문에 적절하게 대답한다.	LL-38 인칭 대명사(예: 나, 너, 나를)를 정확히 사용한다.	LI-17 어른의 말(문장 형태)을 따라 한다.
LR-49 간단한 소유격을 이해한다(예: 아빠의 옷).	LP-32 질문의 수가 증가한다(예: '어디'인지와 '누구'인지를 묻는 질문).	LL-39 '무엇'과 '어디'를 사용하여 질문한다.	LI-18 의미 없는 말이나 반향어는 사라진다.
LR-50 복문을 이해한다(예: "마트에 가면, 아이스크림을 사 줄 거야.").	LP-33 부정적인 견해를 말한다(예: "젓가락 말고, 숟가락 주세요.").	LL-40 두 단어로 이루어진 구를 사용한다(예: "물 주세요." "엄마, 가요.").	
LR-51 질문하면, 신체의 세부 부위를 가리킨다(예: 볼, 팔꿈치).	LP-34 개인적인 필요를 위해 도움을 청한다.	LL-41 사물을 명명하는 명사(예: 사과, 주스)를 사용한다.	
LR-52 일반적인 친척 간의 촌수를 알고 명명한다(예: 할머니, 삼촌).	LP-35 적어도 한 가지 색깔의 이름을 정확히 말한다.	LL-42 의미 있는 말을 만들기 위해 의미적 관계가 있는 단어 두 개를 사용한다(예: 명사 + 특성, 행위자 + 동작, 행위자 + 사물, 행동 + 장소).	
LR-53 일상적인 동사를 이해한다.	LP-36 이름보다는 대명사(예: 나, 나를, 나의)를 사용하여 자신을 언급한다. (계속)	LL-43 1~2개의 위치 개념어(예: ~ 안에, ~ 위에)를 사용한다. (계속)	
LR-54 일상적인 형용사를 이해한다.			
LR-55 일상적인 사물의 이름과 그림을 대부분 안다. (계속)			

수용언어	화용론	언어 유창성	모 방
주의/식별/이해	의사 전달/어법	음운론/사전적 형태/문법적 형태	자발적 모방/유도된 모방
LR-56 사물의 기능과 관련된 단어를 연상한다(예: "너는 무엇으로 물을 마시니?" "컵"). LR-57 크기 차이를 이해한다(예: 작은 인형, 큰 개).	LP-37 친숙한 사람이나 사물에 관하여 '누가' '무엇을' '어디에서'를 사용하여 묻는 간단한 질문에 대답한다. LP-38 상대방이 먼저 말한 것에 정보를 추가한다.	LL-44 일부 자음의 발음이 정확하다(예: ㄷ, ㅍ, ㄱ, ㅎ, ㅁ). LL-45 어른의 질문에 "아니요"라고 말한다. LL-46 소유를 나타내기 위해 '내 것'의 개념을 사용한다.	

관계행동	자기인식/표현	사회규칙
애착/어른/또래	정서적 반응/자기중심성/독립성/의존성	사회적 놀이/규칙 이행/책임감
SR-52 한 번에 한 명의 친숙한 어른과 잘 지낸다. SR-53 낯선 사람 앞에서 부끄러워한다. SR-54 또래와 함께 무엇인가를 공유하는 것을 어려워한다.	SA-31 집 안에서 여기저기 엄마(또는 양육자)를 따라다니면서 집안일을 놀이적으로 모방한다. SA-32 집 밖에서 부모와 떨어지지 않기 위해 부모의 손을 잡는다. SA-33 칭찬받는 행동을 알고 그렇게 행동한다. SA-34 요구가 거부당했을 때 심하게 짜증을 낸다. SA-35 정중하게 주고받기보다는 낚아채고, 밀고, 차려고 한다. SA-36 동정, 부끄러움, 겸손을 나타내는 행동과 얼굴 표정을 보인다. SA-37 침착하지 못하고, 반항적이며, 매우 활동적이기도 하다. SA-38 반항하며 늑장을 부리기도 한다. SA-39 독립성을 주장한다(예: "내가 할 거야.").	SS-40 놀이활동을 주도한다. SS-41 아동용 게임을 할 때 어른이 정해 준 간단한 규칙을 따른다. SS-42 어른의 요구에 10번 중 5번 정도 순응한다. SS-43 부모의 행동을 모방하는 놀이를 좋아한다. SS-44 활동하면서 소리를 낸다(예: 트럭을 끌며 '부릉' 소리를 내고, 곰 인형에게 말을 건넨다.) SS-45 인형이나 장난감이 스스로 행동할 수 없음에도 불구하고 장난감이 자발적인 행동을 할 수 있는 것처럼 만든다(예: 빗을 인형 손에 올려놓고, 마치 인형이 자기 머리를 빗는 것처럼 인형의 팔을 움직인다). SS-46 행동을 하는 동안이나 하기 전에 놀이 계획을 기능적으로 설명한다(예: "나는 ~을 할 거야." "나는 ~을 만들고 있어.").

7단계

24~30개월

운동

소근육 운동	자세/균형	이행 능력	활동성 운동
움켜잡기/손 뻗기/사물 조작	머리 가누기/앉기/서기	기기/걷기/달리기/기어오르기	던지기/뛰어넘기/차기
MF-131 구슬 세 개를 실에 꿴다. MF-132 연필의 거의 끝 부분을 잡는다. MF-133 수평선과 수직선을 모방하여 그린다. MF-134 손목을 이전보다 더 많이 사용한다. MF-135 병뚜껑을 돌려서 연다. MF-136 문을 열기 위해 손잡이를 돌린다. MF-137 고리 다섯 개를 크기 순서대로 막대에 꽂는다. MF-138 꿰어 있는 구슬 네 개를 실에서 빼낸다. MF-139 책을 한 장씩 넘긴다. MF-140 물건을 분리했다가 다시 조립하기를 좋아한다. (계속)		ML-40 보통의 걸음걸이로 걷는다. ML-41 까치발로 네다섯 걸음 걷는다. ML-42 약 3m 거리를 뒤로 걷는다. ML-43 평균대에서 세 걸음 앞으로 걸어간다(예: 평균대 위에 두 발을 함께 두며 걷는다). ML-44 바닥에 그어진 원에서 선 밖으로 다섯 걸음 이상 벗어나지 않으면서 원 주위를 걷는다. ML-45 어른의 손을 붙잡고 각 계단에 두 발을 함께 모으며 계단 네 개를 내려간다. ML-46 벽이나 난간을 잡고 두 발을 교대로 하면서 계단 네 개를 올라간다.	MA-17 약 1m 50cm 앞으로 공을 던진다(직선에서 20도 이상 벗어나지 않는다). MA-18 약 10cm 높이로 점프한다. MA-19 제자리에서 점프한다. MA-20 앉은 자세에서 위로 점프한다. MA-21 공을 차기 위해 그네처럼 다리를 앞뒤로 휘두른다. MA-22 약 2m 앞으로 공을 던진다(직선에서 20도 이상 벗어나지 않는다). MA-23 도움 없이 40~50cm 높이의 안정된 곳에서 바닥을 한 발로 박차고 뛰어내린다.

소근육 운동	자세/균형	이행 능력	활동성 운동
움켜잡기/손 뻗기/사물 조작	머리 가누기/앉기/서기	기기/걷기/달리기/기어오르기	던지기/뛰어넘기/차기
MF-141 손잡이를 돌린다(예: 장난감 가스레인지의 온도 조절 손잡이, 수동식 텔레비전 채널 손잡이). MF-142 병뚜껑을 연다. MF-143 기차 모양을 모방하여 만든다. 블록 세 개를 나란히 정렬시키고, 블록 하나를 마지막 블록 위에 올린다.			

적응

먹 기	자기관리 배변/옷 입기/청결 유지	정리정돈	일상생활
AE-51 음식에 대해 좋고 싫음을 표현한다. 식성이 까다로울 수 있다. AE-52 음식이 섞이는 것을 싫어한다(예: 김치가 고기에 닿는 것을 싫어한다). AE-53 일정 기간 동안 배타적으로 한 가지 음식만을 요구하다가 이후에 다른 음식을 좋아하게 된다. AE-54 숟가락의 아래쪽을 잡는다. 숟가락을 돌리는 것을 조절하여 음식을 푸고 입으로 가져온다(많은 양을 흘린다). AE-55 수도꼭지를 틀어서 혹은 도움 없이 그 밖의 방법으로 마실 것을 얻는다(예: 정수기, 냉장고). AE-56 우유병을 사용하지 않는다. 음료를 컵으로만 마신다. (계속)	AS-21 용변을 보기 위해 바지를 아래로 내린다. AS-22 도움을 받아 칫솔로 이를 닦는다. 솔질하는 행동을 보이기 시작한다. AS-23 커다란 단추를 끄른다. AS-24 어른이 화장지를 대 주면 코를 푼다. AS-25 티셔츠에서 팔 넣을 곳을 찾는다. AS-26 끌러진 옷을 벗는다. AS-27 바지를 아래로 내려 줄 때 협조한다. AS-28 혼자서 세수한다. AS-29 수도꼭지의 찬물과 뜨거운 물을 구분한다. AS-30 혼자서 손의 물기를 닦는다.	AC-04 정리정돈하는 것을 돕는다. 물건을 치운다.	AD-02 돈의 기능을 안다.

먹 기	자기관리 배변/옷 입기/청결 유지	정리정돈	일상생활
AE-57 음식을 입안에서 돌려 가며 씹는다. AE-58 손으로 포크를 쥔다. AE-59 한 입 크기의 음식을 포크를 사용하여 찍어 먹는다.			

8단계

30~36개월

사물 사용		
탐 색	기능적 사용	문제해결
CO1-34 재료를 가지고 놀며 탐색한다(예: 블록 쌓기, 끌어당기기, 플레이도우 굴리기, 압착하기, 상자 채우고 비우기).	CO2-30 설명하는 것에 흥미를 보이고, '왜' '어떻게' 등의 질문을 한다. CO2-31 여러 단계로 이루어진 과제를 수행한다(예: 기계 안에 동전을 넣고, 레버를 당기고, 버튼을 누른다). CO2-32 한쪽에서 맞은편까지 종이를 자른다. CO2-33 블록으로 다리 세우기를 모방한다.  CO2-34 지름이 약 4cm보다 작은 동그라미를 모방하여 그린다.	

변별/연합/분류		
사회성	행 동	사 물
CD1-18 한 명의 친밀한 어른(예: 엄마)과 가장 좋은 관계를 맺는다.	CD2-11 사물의 기능과 관련된 단어를 안다(예: "무엇으로 먹지?"라는 질문에 적합한 단어로 대답한다). CD2-12 몇 개의 위치 개념어를 안다(예: 안, 위, 아래, 앞, 뒤).	CD3-15 크기에 따라 사물을 쌓는다(예: 링 쌓기, 컵 포개기). CD3-16 하나의 개념을 안다. CD3-17 관련이 있는 사물을 유의미하게 서로 대응시키고 함께 사용한다(예: 컵, 공, 컵받침이 있을 때 컵과 컵받침을 함께 놓는다). CD3-18 어울리는 그림을 서로 맞춘다. CD3-19 일상적인 사물 그림을 알고 이름을 말하거나 지적한다. CD3-20 숫자를 3까지 센다(예: 숫자를 순서대로 말한다). CD3-21 자신의 성별을 안다. CD3-22 사물이 속해 있는 상위 분류 이름을 사용한다(예: '포도, 사과, 귤은 과일이다.').

상징적 표상			
기억(대상영속성)	의도성	그리기/쓰기/읽기	가장놀이
CS1-19 최근에 있었던 일을 이야기한다.		CS3-06 아동이 그린 그림에 대해 질문하면 그것에 대해 이야기하고 이름을 붙이기도 한다. CS3-07 십자가 모양(+)을 모방하여 그린다. CS3-08 자발적으로 직선과 포물선(⌒) 모양을 그린다. CS3-09 알아볼 수 있는 형태를 처음으로 자발적으로 그린다.	

수용언어	화용론	언어 유창성	모 방
주의/식별/이해	의사 전달/어법	음운론/사전적 형태/문법적 형태	자발적 모방/유도된 모방
LR-58 일상적인 동사를 대부분 이해한다. LR-59 일상적인 형용사를 대부분 이해한다. LR-60 사물이 '어떻게' 기능하는지 그리고 '왜' 존재하는지에 대한 설명에 흥미를 보인다. LR-61 연속적인 세 개의 간단한 지시를 수행한다. LR-62 위치 개념어를 안다(예: ~ 밑에, ~ 앞에, ~ 뒤에). LR-63 '하나'의 개념을 이해한다.	LP-39 질문했을 때 성(性)을 구분하여 대답한다. LP-40 질문하면 자신이 그린 그림에 대해 이야기하고, 이름(제목)을 붙이기도 한다. LP-41 질문하면 성과 이름을 말한다(예: "이름이 뭐지?"라는 질문에 "김영수예요."라고 대답한다). LP-42 최근과 과거의 경험을 순서대로 말한다.	LL-47 활동이 이어지는 그림을 보고 상황이 어떻게 전개되는지에 대해 여러 동사 형태를 정확히 사용하여 표현한다. LL-48 부정문을 만든다(예: "열지 마세요."). LL-49 두 단어로 이루어진 구를 사용한다. LL-50 현재 진행형을 사용한다. LL-51 과거형을 사용한다. LL-52 위치 개념어를 다양하게 사용한다(예: ~ 위에, ~ 안에, ~ 아래, ~ 밑에). LL-53 간단한 소유 표현을 한다[예: 개(의) 꼬리, 아빠(의) 셔츠]. LL-54 4~6개의 단어로 구성된 문장을 사용한다(예: "엄마, 인형 가지고 갈래요.") (계속)	LI-19 자발적 모방이 감소한다.

수용언어	화용론	언어 유창성	모 방
주의/식별/이해	의사 전달/어법	음운론/사전적 형태/문법적 형태	자발적 모방/유도된 모방
		LL-55 동사에 맞게 주어를 사용한다(예: '나는 먹는다.'를 '나를 먹는다.'로 표현하지 않는다). LL-56 다른 사람이 알아들을 수 있도록 정확히 발음한다.	

관계행동	자기인식/표현	사회규칙
애착/어른/또래	정서적 반응/자기중심성/독립성/의존성	사회적 놀이/규칙 이행/책임감
SR-55 한 번에 한 명의 친숙한 어른과 잘 지낸다. SR-56 현재 상황에 대해 간단한 대화를 한다. SR-57 놀이 중에 다른 아동들을 관찰한다. 잠시 동안 함께 놀이한다. SR-58 연합놀이가 많아진다. 2~3명의 아동 집단으로 구성되었을 때 잘 논다. SR-59 다른 아동들에게 관심을 갖는다. SR-60 다른 아동들과 장난감을 공유하는 것을 어려워한다. SR-61 양육자에게 애정감정을 보인다.	SA-40 친숙한 환경에서 엄마(또는 양육자)와 쉽게 분리된다. SA-41 밖에서 부모와 손잡는 것을 거부하고, 앞서 뛰어다니면서 독립적으로 행동한다. SA-42 동정심, 부끄러움, 겸손함을 나타내는 얼굴 표정과 행동을 보인다. SA-43 가만히 있지 못하고, 반항적이며, 매우 활동적이다. SA-44 반항하고 빈둥거린다. SA-45 절박한 요구를 잘 표현할 수 없거나 좌절되었을 때 심하게 짜증을 낸다.	SS-47 어른의 지도하에 집단활동에 협력한다. SS-48 어른의 요구에 10번 중 5번 정도 순응한다. SS-49 장난감을 적합한 방식으로 사용한다. SS-50 놀이를 계획하여 역할을 할당한다(예: "나는 엄마, 너는 아가야. 나는 요리를 할게. 그동안 너는 텔레비전을 보고 있어."). SS-51 놀이 계획을 말로 표현하고, 역할을 가장하기 위해 특징적인 소품을 사용한다(예: 상자를 집으로 사용한다).

소근육 운동	자세/균형	이행 능력	활동성 운동
움켜잡기/손 뻗기/사물 조작	머리 가누기/앉기/서기	기기/걷기/달리기/기어오르기	던지기/뛰어넘기/차기
MF-144 촉감으로 형태를 식별한다. MF-145 병뚜껑을 돌린다. MF-146 원을 보고 따라 그린다. MF-147 가위로 종이를 한쪽에서 반대편까지 자른다. MF-148 수정 없이 한 번에 기본적인 다리 모양을 만든다.  MF-149 9~10개의 블록으로 탑을 쌓는다. MF-150 단추 세 개를 75초 이내에 끄른다.	MP-122 누운 상태에서 앞으로 당겨 앉았다가 일어선다(예: 옆으로 돌아눕지 않고 곧바로 일어난다). MP-123 한 발로 3초 동안 서 있는다.	ML-47 발을 교대로 디디면서 계단을 오른다. ML-48 도움 없이 두 발로 계단을 네 걸음 내려간다. ML-49 약 2m 40cm를 까치발로 걸어간다.	MA-24 팔을 쭉 뻗어 공을 잡는다. MA-25 약 45~60cm 높이의 안정적인 곳에서 도움 없이 바닥으로 뛰어내린다. 넘어지지 않고 두 발로 착지한다. MA-26 공을 찬다. 약 2m를 몰고 가면서, 원래 방향에서 15도 이상 벗어나지 않는다. MA-27 약 5cm 높이의 줄을 뛰어넘는다. MA-28 약 60cm를 한 번에 뛴다. MA-29 균형을 잃지 않고 한 발로 깡충 뛰기를 세 번 한다.

<table>
<tr><th rowspan="2">먹 기</th><th>자기관리</th><th rowspan="2">정리정돈</th><th rowspan="2">일상생활</th></tr>
<tr><th>배변/옷 입기/청결 유지</th></tr>
<tr><td>AE-60 빨대로 빤다. 그러나 빨대를 망가뜨릴 수 있다.
AE-61 음식에 대해 좋고 싫음을 표현한다.
AE-62 음식을 입안에서 돌려 가며 씹는다.
AE-63 손으로 포크를 쥔다.
AE-64 한 입 크기의 음식을 포크를 사용하여 찍어 먹는다.
AE-65 도움 없이 혼자서 정수기의 물을 마신다.</td><td>AS-31 용변을 보기 위해 바지를 아래로 내린다.
AS-32 낮에 대소변 조절이 가능하다.
AS-33 용변을 보고 싶을 때마다 말로 잘 표현한다.
AS-34 화장실에 갈 것을 청한다.
AS-35 앞 단추가 있는 셔츠를 입는다.
AS-36 옷 입는 동안에 의도적으로 협력하지 않거나, 심하게 짜증을 낸다.
AS-37 단추 1~2개를 혼자서 잠근다.
AS-38 셔츠 등 옷을 벗는다.
AS-39 원피스처럼 하나로 이어진 옷을 제외하고 위아래가 분리된 옷을 혼자서 벗을 수 있다. (계속)</td><td>AC-05 겉옷을 걸어 둔다.
AC-06 요구하면 자기 물건을 제자리에 정리한다.</td><td></td></tr>
</table>

먹 기	자기관리 배변/옷 입기/청결 유지	정리정돈	일상생활
	AS-40 옷을 입힐 때 협조한다. AS-41 운동화 끈을 푼다. AS-42 옷이 어디에 있는지 알고 겉옷을 꺼내 입는다.		

9단계

36~48개월

사물 사용		
탐 색	기능적 사용	문제해결
CO1-34 재료를 가지고 놀며 탐색한다(예: 블록 쌓기, 끌어당기기, 플레이도우 굴리기, 압착하기, 상자 채우고 비우기).	CO2-35 사물의 사용법을 안다(예: 난로, 의자 등을 어떻게 사용할지를 설명한다). CO2-36 선을 따라 종이를 자른다. CO2-37 복합적인 지시 내용을 순서대로 행한다(예: "휴지는 식탁 위에 놓고, 인형은 제자리에 놓고, 책을 가져오세요."). CO2-38 삼차원 입체 매체로 사람과 사물 모양을 만든다(예: 찰흙이나 나무로 형태 만들기). CO2-39 보여 준 대로 연속적인 움직임을 모방한다. CO2-40 선을 따라 긋는다. CO2-41 지름이 약 3cm인 원을 선을 따라 3/4 이상 자른다. CO2-42 끈을 묶는 신발의 끈을 구멍 세 개까지 끼운다.	CO3-33 블록 아홉 개를 수직으로 세운다. CO3-34 사물을 크기 순서대로 배열한다. CO3-35 타인의 조망을 이해한다. CO3-36 색판을 모두 맞춘다. CO3-37 태엽으로 움직이는 복잡한 장난감을 조작한다.

변별/연합/분류		
사회성	행 동	사 물
CD1-19 상대방이 이해할 수 있도록 목소리 톤과 문장 형태를 바꾼다. CD1-20 두려움을 나타낸다(예: 진공청소기나 장난감에서 나는 소리를 무서워한다).	CD2-13 동물이 내는 소리를 안다.	CD3-23 모양 틀에 알맞은 모양을 맞춰 넣는다. CD3-24 서로 같은 것과 다른 것을 아는 것으로 보인다. CD3-25 다른 사람과 함께 퍼즐을 맞춘다. CD3-26 공구 놀이 틀에 공구를 맞춘다. CD3-27 네 개의 색깔 이름을 정확히 말한다. CD3-28 간단한 모양(예: 네모, 세모, 동그라미)을 안다. CD3-29 사람을 성(性)별로 구분한다. CD3-30 특성(예: 색깔, 크기)에 따라 사물을 체계화한다. CD3-31 양(예: 더 많은 것, 더 적은 것)의 개념을 이해한다. CD3-32 개수를 셀 때 각각의 대상을 한 번씩만 센다. CD3-33 숫자를 5까지 센다. CD3-34 사물의 순서를 바꾸어도 세는 순서는 변하지 않는다.

상징적 표상			
기억(대상영속성)	의도성	그리기/쓰기/읽기	가장놀이
CS1-20 현재는 없지만 이전에 가졌던 친숙한 사물을 회상한다. CS1-21 이전에 보았던 사람과 동물의 특정한 행동이나 소리를 모방한다(예: 차 운전하기, 말타기). CS1-22 적어도 한 개 이상의 아기 동요를 부르며, 아기 동요에 흥미를 보인다(예: '자장자장 우리 아기'). CS1-23 단어나 동작을 만드는 손가락 놀이에 흥미를 보인다. CS1-24 사건, 사물, 사람을 상징하는 감각적 단서(예: 사이렌 소리)를 이해한다. CS1-25 세 개의 숫자를 순서대로 따라 말한다. (계속)	CS2-32 사물과 사람에 관한 질문을 한다. CS2-33 다른 사람의 행동에 대해 이전보다 자주 말한다. CS2-34 다른 사람이 이전에 했던 말을 정교화하고 확장한다.	CS3-10 원을 그린다. CS3-11 사람의 얼굴을 그릴 때 이목구비가 분명하지 않다. CS3-12 이미 그려져 있는 선을 따라 그린다. CS3-13 자신의 이름 글자를 알아본다.	CS4-07 (현재 없는) 상상의 사물을 놀이에 사용한다. CS4-08 역할놀이를 통해 아는 사람(예: 엄마, 아빠, 언니)을 표현한다. CS4-09 놀이 중에 스토리가 있는 시나리오를 사건의 순서대로 나열한다. CS4-10 상상의 인물로 놀이를 한다.

상징적 표상			
기억(대상영속성)	의도성	그리기/쓰기/읽기	가장놀이
CS1-26 어른이 순서대로 설명하고 시범을 보이면 3단계의 순서를 기억한다(예: '탁자를 두드리고, 코를 만지고, 손뼉을 친다.'). CS1-27 사건의 순서에 맞고 결말이 있게 경험을 이야기한다.			

수용언어	화용론	언어 유창성	모 방
주의/식별/이해	의사 전달/어법	음운론/사전적 형태/문법적 형태	자발적 모방/유도된 모방
LR-64 3단계 지시를 따른다. LR-65 서로 일치하는 과제와 불일치하는 과제를 이해한다(예: "앉아 있는데 동시에 일어설 수 있을까?"). LR-66 시간을 나타내는 용어를 이해한다(예: ~ 전, ~ 후). LR-67 어른의 말을 이해할 만큼 많은 개념을 안다.	LP-43 다른 사람의 활동에 대해 빈번히 언급한다. LP-44 과거의 사물과 사건에 대해 빈번히 언급한다. LP-45 듣는 사람의 이해 수준에 따라 문장구조와 목소리 톤을 변화시킨다. LP-46 다른 사람의 말에 좀 더 추가하거나 확장한다. LP-47 사람과 사물에 대한 질문을 한다. LP-48 반대를 유추해서 말한다. LP-49 유추로 만드는 간단한 형태의 설명을 완성한다(예: "우리는 숟가락으로 밥을 먹어요." "우리는 _____에서 잠을 자요.").	LL-57 평균적으로 네 단어로 구성된 문장을 사용한다. LL-58 다양한 부정구를 사용한다(예: "그렇게 하지 마세요." "안 할 거예요."). LL-59 네 가지 색깔의 이름을 안다. LL-60 발음이 명확하다. LL-61 '누가' '무엇을' '어디에서' '언제'를 사용하여 묻는 질문에 정확히 응답한다. LL-62 부사나 형용사를 사용하기 시작한다. LL-63 여섯 단어로 구성된 문장을 사용한다. LL-64 일반적으로 복문을 사용한다. LL-65 과거 시제를 사용하기 시작한다(예: "공원에 갔었어요."). (계속)	LI-20 5~6개의 음절로 구성된 문장을 따라 말한다. LI-21 7~8개의 음절로 구성된 문장을 따라 말한다. LI-22 적어도 한 개 이상의 간단한 노래를 부른다(예: '나비야 나비야').

수용언어	화용론	언어 유창성	모 방
주의/식별/이해	의사 전달/어법	음운론/사전적 형태/문법적 형태	자발적 모방/유도된 모방
		LL-66 명령문을 사용한다(예: "~해."). LL-67 '누가' '왜' '어떻게'를 사용하여 질문한다. LL-68 동사를 정확히 사용한다. LL-69 형용사를 사용한다(예: 큰, 작은, 좋은). LL-70 미래형 표현을 사용한다(예: "~할 거예요.").	

관계행동

애착/어른/또래

SR-62 소리 내어 인사하고 반응한다.

SR-63 간단한 정보를 전달한다.

SR-64 '~ (해) 주세요.' '고맙습니다' 등의 표현을 사용하기 시작한다.

SR-65 듣는 사람이 이해할 수 있도록 목소리 톤과 문장 구조를 변화시킨다.

SR-66 오랜 시간 동안 한 가지를 주제로 하여 다른 아동들과 이야기하고 놀이한다.

SR-67 또래와 상호작용하며 놀이한다.

SR-68 어른의 지도 없이 협력놀이를 하기 시작한다.

SR-69 여러 아동들 중 더 좋아하는 몇몇 친구가 있다.

자기인식/표현

정서적 반응/자기중심성/독립성/의존성

SA-46 오랜 시간 동안 혼자서 논다.

SA-47 무서운 것에 대해 설명한다(예: 작동하는 장난감, 진공청소기, 천둥소리).

SA-48 어린 동생들에게 애정을 보인다.

SA-49 감정을 명명하여 표현한다(예: 행복, 슬픔, 두려움, 화남).

SA-50 '성숙한 아동'이 되기를 원하며, 새로운 기술을 습득한다.

사회규칙

사회적 놀이/규칙 이행/책임감

SS-52 대개는 어른의 요구에 복종한다.

SS-53 기꺼이 장난감을 공유하기 시작한다.

SS-54 놀이 장면에서 부딪치고 뒹구는 신체놀이가 증가한다.

SS-55 가상의 친구와 논다.

SS-56 어떤 것을 요청할 때 "~ (해) 주세요."라고 말한다.

SS-57 작은 집안일을 돕는다.

SS-58 다른 사람의 관점(타인 조망)을 이해한다.

소근육 운동	자세/균형	이행 능력	활동성 운동
움켜잡기/손 뻗기/사물 조작	머리 가누기/앉기/서기	기기/걷기/달리기/기어오르기	던지기/뛰어넘기/차기
MF-151 링 던지기를 할 때 눈-손 협응을 한다. MF-152 선호하는 손이 있다. MF-153 15초 내에 약 4cm의 선을 따라 자른다. MF-154 십자 모양(+)을 보고 그린다. MF-155 구슬 4~5개를 실에 꿴다. MF-156 30초 이내에 병뚜껑을 연다. MF-157 장난감 태엽을 감는다(한 번에 90도 정도 감는다). MF-158 선을 따라 원을 자른다. MF-159 단추 한 개를 잠근다. MF-160 신발 끈 구멍 두 개에 끈을 끼운다. MF-161 밑그림의 선을 따라 그린다. (계속)	MP-124 약 1초 동안 한 발로 서 있는다. MP-125 손을 머리 위에 놓고 까치발로 2초 동안 서 있는다. 발이 흔들리지 않는다.	ML-50 전속력으로 달리다가 멈춘다. ML-51 약 3m를 까치발로 걷는다. ML-52 발을 교대로 떼며 계단을 걸어 내려온다. ML-53 한 번 이상 선을 벗어나지 않고 바닥에 그려진 선을 따라 뒤로 걷는다.	MA-30 공을 벽에 튕긴다. MA-31 팔꿈치를 굽혀 몸통 앞으로 공을 잡는다. MA-32 20cm 높이에 있는 줄을 뛰어넘는다. MA-33 한 발로 두 번 깡충 뛰기를 한다. MA-34 60cm 거리를 한 번에 뛴다. MA-35 약 1m 50cm를 깡충 뛴다. MA-36 세발자전거를 타고 약 3m를 간다. MA-37 약 60~75cm 높이에서 혼자서 껑충 뛰어내리고, 양발로 착지한다. MA-38 다섯 걸음을 건너뛰기 한다. MA-39 한 발로 다섯 번 깡충 뛰고, 다른 발로 또 세 번 깡충 뛴다. (계속)

소근육 운동	자세/균형	이행 능력	활동성 운동
움켜잡기/손 뻗기/사물 조작	머리 가누기/앉기/서기	기기/걷기/달리기/기어오르기	던지기/뛰어넘기/차기
MF-162 정사각형을 보고 따라 그린다. MF-163 손가락을 삼각대 모양으로 하여 색연필을 잡는다.			MA-40 양발을 모아 약 65~75cm 앞으로 점프한다. MA-41 약 3m 앞으로 공을 던진다(제대로 던지기 위해 어깨와 팔을 뒤로 젖혔다가 던진다). 공은 직선에서 20도 이상 벗어나지 않는다. MA-42 한 발로 약 15cm를 뛰어간다. MA-43 공을 아래로 던져 약 1m 30cm 거리에 떨어진 목표물을 맞힌다. MA-44 각 발로 여덟 번 앞으로 깡충 뛰어간다. MA-45 약 1m 50cm 떨어진 벽을 향해 공을 던진다.

먹 기	자기관리 배변/옷 입기/청결 유지	정리정돈	일상생활
AE-66 숟가락을 사용하여 혼자서 먹는다(약간만 흘린다). 손바닥으로 숟가락을 잡는다. AE-67 물이 가득 찬 컵을 옮긴다. AE-68 물 주전자에 담긴 물을 컵에 따른다. AE-69 도움 없이 음식을 나른다. AE-70 입술에 묻은 음식을 핥는다. AE-71 분수식으로 된 수도에서 물을 마신다.	AS-43 도움 없이 소변을 본다. AS-44 밤에 오줌을 싸지 않는다. AS-45 커다란 앞 단추를 끄른다. AS-46 앞에 있는 스냅 버튼을 잠근다. AS-47 티셔츠를 입고 벗는 데 도움이 필요하다. AS-48 도움 없이 신발을 올바르게 신는다. AS-49 큰 앞 단추를 채울 수 있지만, 한 번에 쉽게 하지는 못한다. AS-50 머리에서부터 뒤집어쓰는 옷을 벗는다. AS-51 혼자서 옷을 끌어 내린다. AS-52 작은 앞 단추를 끄른다. AS-53 앞에 있는 지퍼를 연다. AS-54 손을 씻는다. (계속)	AC-07 장난감을 치운다. AC-08 집과 정원에서 어른을 돕는 일을 좋아한다. AC-09 요구하면 집안일을 도와준다.	AD-03 시계의 기능을 이해하는 것처럼 보인다. AD-04 전화를 잘 받는다.

먹 기	자기관리 배변/옷 입기/청결 유지	정리정돈	일상생활
	AS-55 수도꼭지를 돌려서 틀고 잠근다. AS-56 지적해 주면 코를 닦는다. AS-57 약간의 도움을 받아 몸을 씻는다. AS-58 발목까지 오는 부츠를 신는다. AS-59 혼자서 완전하게 옷을 입는다(신발 끈 묶는 것은 제외).		

10단계

48~60개월

사물 사용		
탐 색	**기능적 사용**	**문제해결**
C01-34 재료를 가지고 놀며 탐색한다(예: 블록 쌓기, 끌어당기기, 플레이도우 굴리기, 압착하기, 상자 채우고 비우기).	C02-43 점과 점을 직선으로 잇는다. C02-44 한 변이 3cm보다 약간 더 큰 사각형 모양을 선을 따라 자른다. C02-45 열쇠로 자물쇠를 연다. C02-46 삼차원적인 블록 모형을 그대로 따라 만든다. C02-47 수직선, 수평선, 대칭선이 있는 복잡한 구조물을 만든다.	C03-38 친숙한 상황에서 무엇을 해야 하는지 안다. C03-39 간단한 논리적 문제를 이해하기 시작한다. C03-40 복잡한 퍼즐을 맞춘다. C03-41 일상적인 사물에 대해 무엇을 하는 것인지 안다. C03-42 문제해결을 위해 공간적 · 인과적 관계와 표상적 사고를 통합한다. C03-43 기초 단계 이상의 학습과제를 수행한다. C03-44 일상적인 활동에 대해 이해한다(예: '손잡이를 돌려야 문을 열 수 있다.'). C03-45 지각적인 문제해결보다는 사물이 작동하는 일반적인 원리를 통합하여 이해하고자 한다(예: 버튼을 누르면 동물 소리가 난다는 것을 이해한다). C03-46 도구를 능숙하게 사용한다(예: 숟가락, 포크, 컵, 가위를 사용한다). (계속)

사물 사용		
탐 색	기능적 사용	문제해결
		CO3-47 사물의 유사점과 차이점을 말한다. CO3-48 일상적이지 않은 상황에서 어떻게 해야 하는지 안다(예: '불이 났을 때는 119에 전화해야 한다.'). CO3-49 필요한 서비스를 받기 위해서 어디로 가야 하는지 안다(예: '아플 때는 병원에, 음식을 먹으려면 식당에 가야 한다.'). CO3-50 다음에 무슨 일이 일어날지 예측한다.

변별/연합/분류		
사회성	행 동	사 물
	CD2-14 사건의 순서를 이해한다(예: '우리는 먼저 재료를 사기 위해 가게로 가고, 그다음에 케이크를 만들고, 내일 그것을 먹을 거야.'). CD2-15 왼쪽과 오른쪽을 구별한다.	CD3-35 사물이 속한 상위 분류체계를 안다(예: '빵은 음식, 개는 동물이다.'). CD3-36 숫자 0의 개념을 안다. CD3-37 미세한 크기의 차이를 구별한다. CD3-38 사물을 크기에 따라 배열한다.

상징적 표상			
기억(대상영속성)	의도성	그리기/쓰기/읽기	가장놀이
CS1-28 이야기의 내용을 말한다. 이야기를 사실과 혼동하기도 한다. CS1-29 짧은 노래를 부른다.		CS3-14 사람을 막대기 형태로 그린다.  CS3-15 네모, 세모, 다이아몬드 모양을 모방하여 그린다. CS3-16 대각선과 브이(V) 모양을 모방하여 그린다. CS3-17 모델 없이도 알아볼 수 있는 형태의 사물을 그린다. CS3-18 자신의 이름을 보고 따라 쓴다(삐뚤삐뚤하게 쓴다). CS3-19 숫자를 모방하여 쓴다(삐뚤삐뚤하게 쓴다). CS3-20 글자를 알기 시작한다. CS3-21 책을 외워서 읽으려 한다.	CS4-11 옷을 입고 그 옷에 어울리는 역할을 흉내 낸다. CS4-12 역할놀이나 가사놀이를 한다(예: 엄마나 아빠의 출근 장면을 연출한다).

수용언어	화용론	언어 유창성	모 방
주의/식별/이해	의사 전달/어법	음운론/사전적 형태/문법적 형태	자발적 모방/유도된 모방
LR-68 주어가 바뀐 문장(수동태)에서 행위 주체를 이해한다(예: '공은 남자아이가 던졌어.'라는 문장에서 던진 주체는 공이 아니라 남자아이임을 안다). LR-69 과거 시제와 미래 시제를 이해한다.	LP-50 논리적 사고가 발전한다(예: 반대와 간단한 유추를 이해한다). LP-51 추상적인 단어의 의미를 질문한다(예: "하늘은 왜 파란색이야?").	LL-71 '그리고' '또는' 등으로 두 문장을 연결한 복문을 사용한다. LL-72 완전하고 정확한 문장을 사용한다. LL-73 중요한 말과 의미 없는 말을 구별한다. LL-74 종종 6~8개 단어로 구성된 문장을 사용한다. LL-75 평균적으로 다섯 단어로 구성된 문장을 사용한다. LL-76 타동사(예: 생각하다, 알다, 말하다)를 사용하여 간단한 문장을 만든다(예: "내가 그것을 할 수 있다고 생각해?").	LI-23 9~10개의 음절로 구성된 문장을 따라 말한다.

관계행동	자기인식/표현	사회규칙
애착/어른/또래	정서적 반응/자기중심성/독립성/의존성	사회적 놀이/규칙 이행/책임감
SR-70 다른 사람의 물건을 사용할 때 허락을 받는다. SR-71 요구하지 않아도 자신의 물건이나 장난감을 다른 아동들과 공유한다. SR-72 좋아하는 텔레비전 프로그램 이름을 한 개 이상 말한다. 그 프로그램이 상영되는 요일과 시간을 말한다. SR-73 선호하는 이성 친구가 있다. SR-74 다른 사람의 요구를 인식하고 도움을 준다.	SA-51 매우 어려운 행동을 시도하고 성취감을 즐긴다. SA-52 자신의 감정을 설명한다. SA-53 원하는 것을 못하게 하면 버릇없는 말을 하기도 한다.	SS-59 자진해서 장난감을 공유한다. SS-60 조직적으로 계획하여 놀이한다. SS-61 경쟁적인 운동 경기를 한다. SS-62 다른 사람의 소유물과 권리를 존중한다. SS-63 상기시키지 않아도 주도적으로 과제를 수행한다. SS-64 상상의 친구와 놀이한다. SS-65 어떤 일에 몰두하지 않는 한, 혼자 노는 것보다 다른 아동들과 함께 노는 것을 더 좋아한다. SS-66 상징적인 옷을 차려입고 그처럼 흉내 낸다.

10단계

48~60개월

운동

소근육 운동	자세/균형	이행 능력	활동성 운동
움켜잡기/손 뻗기/사물 조작	머리 가누기/앉기/서기	기기/걷기/달리기/기어오르기	던지기/뛰어넘기/차기
MF-164 지름이 약 4cm의 단추를 20초 이내에 채우고 끄른다. MF-165 열쇠로 자물쇠를 연다. MF-166 도구(예: 빵칼)를 능숙하게 사용하기 시작한다. MF-167 블록 다섯 개로 문 모양을 모방하여 만든다.  MF-168 종이를 반으로 접는다. MF-169 선을 따라서 정사각형을 자른다. MF-170 종이 두 장을 클립으로 철한다. MF-171 미세한 사물을 능숙하게 집어 올린다.	MP-126 머리 위로 손을 올린 채 약 8초 동안 까치발로 서 있는다. MP-127 한 발로 10초 동안 서 있는다.	ML-54 다른 것을 붙잡지 않고 혼자서 평균대에서 네 걸음 걷는다. ML-55 달리기: 한쪽 발에서 다른 쪽 발로 체중을 옮기면서, 다리와 함께 팔을 상호적으로 움직인다. ML-56 엉덩이에 손을 붙인 채 실족하지 않고 평균대를 걷는다. ML-57 평균대에서 한쪽 발 뒤꿈치를 다른 쪽 발 앞꿈치에 붙여 가며 뒤로 다섯 걸음 걷는다.	MA-46 약 3m 앞으로 공을 던진다. MA-47 약 7cm 높이 이상 점프한다. MA-48 80cm 높이에서 혼자서 뛰어내린다(한 발을 먼저 뗀다). MA-49 한 발로 약 40cm를 뛰어간다. MA-50 재주넘기를 한다. MA-51 30초 내에 윗몸일으키기를 3~4회 한다. MA-52 팔꿈치 측면으로 공을 잡는다. MA-53 엉덩이에 손을 붙이고 양발을 함께 모아 뛰며 돈다(약 180도). MA-54 8~10 걸음을 건너뛰기 한다. MA-55 옆으로 점프한다. MA-56 약 1m 앞으로 점프한다. MA-57 약 3m 50cm 떨어진 목표물을 향해 공을 위로 던져 맞힌다. MA-58 재주넘기를 연달아 세 번 한다.

먹 기	자기관리 배변/옷 입기/청결 유지	정리정돈	일상생활
AE-72 빵에 잼을 바른다.	AS-60 혼자서 용변을 본다. 뒤처리는 도움을 받는다.	AC-10 더럽혀진 옷을 세탁 바구니에 넣는다.	AD-05 전화를 받고 바꿔 줄 사람을 부른다.
AE-73 숟가락을 사용하여 음식을 먹는다(거의 흘리지 않는다).	AS-61 말해 주거나 도움을 주지 않아도 용변을 스스로 처리한다.	AC-11 요구하면 도움 없이 세탁된 옷을 제자리에 가져다 놓는다.	AD-06 길을 건너기 전에 양쪽 방향을 살핀다.
AE-74 냅킨을 사용한다.	AS-62 자기 옷의 벨트를 잠근다.		
AE-75 빨대를 잘 사용한다.	AS-63 신발 끈을 묶는다.		
AE-76 작은 그릇에 음료를 부을 수 있다.	AS-64 물의 온도를 맞춘다.		
AE-77 음식을 거의 흘리지 않고 자기 그릇으로 옮긴다.	AS-65 앞뒤에 있는 지퍼를 연다.		
AE-78 손으로 포크를 잡는다.	AS-66 혼자서 수건으로 물기를 닦는다.		
AE-79 도움을 받아 음식을 식탁에 차린다.	AS-67 혼자서 코를 닦는다.		
AE-80 깨지기 쉬운 재질로 만들어진 식탁을 잘 치운다.	AS-68 칫솔로 이를 닦고 헹구고 뱉는다.		
	AS-69 세수를 하고 닦는다.		
	AS-70 벨트 고리에 벨트를 끼운다.		

11단계

60개월~

변별/연합/분류		
사회성	행 동	사 물
		CD3-39 일대일 대응을 보인다. CD3-40 사물의 빠진 부분을 알아차린다. CD3-41 단어를 말하면 그것에 해당하는 그림과 연결 짓는다. CD3-42 이중배열 방법을 사용한다(예: 인형을 작은 것부터 큰 것 순서로 배열하고, 인형에게 적합한 길이의 막대기와 짝을 짓는다). CD3-43 한 줄로 나열되어 있는 사물의 순서를 안다(예: 첫째, 둘째, 중간, 마지막). CD3-44 서로 다른 사물들 간의 유사점을 발견한다. CD3-45 사물을 분류하기 위한 기준을 세우고, 그것을 일관되게 적용한다.

상징적 표상			
기억(대상영속성)	의도성	그리기/쓰기/읽기	가장놀이
CS1-30 소리 내어 읽은 이야기의 사건을 회상한다. CS1-31 알고 있는 이야기를 정확히 설명한다.		CS3-22 직사각형을 모방하여 그린다. CS3-23 글자와 숫자를 정확하게 모방하여 쓰지만, 아직 실수를 많이 한다. CS3-24 선을 벗어나지 않고 안쪽에 색칠을 한다. CS3-25 사람을 그릴 때 적어도 여덟 개 이상의 신체 부위를 그린다(예: 몸통, 눈, 입, 귀, 코, 목, 팔, 손, 발, 다리). CS3-26 단어를 그대로 베껴 쓰고, 모든 글자를 정확하게 쓴다. CS3-27 단순한 시각적 상징물에서 간단한 단어를 떠올린다(예: 멈춤 표지판–정지, 맥도날드 간판–햄버거). CS3-28 1부터 10까지의 숫자 카드를 순서대로 나열한다.	CS4-13 역할놀이를 하기 위해 친구들과 함께 필요한 소품을 구성한다. CS4-14 역할놀이를 한다.

수용언어	화용론	언어 유창성	모 방
주의/식별/이해	의사 전달/어법	음운론/사전적 형태/문법적 형태	자발적 모방/유도된 모방
		LL-77 '왜'라는 질문에 '왜냐하면~'(또는 '~ 때문이다')을 사용하여 대답한다. LL-78 비교 형태(예: 가장 큰, 가장 긴)를 사용한다. LL-79 다양한 문법 형태(예: 종속절, 과거 시제, 미래 시제, 비교급)를 사용하여 문장을 표현한다.	

관계행동	자기인식/표현	사회규칙
애착/어른/또래	정서적 반응/자기중심성/독립성/의존성	사회적 놀이/규칙 이행/책임감
SR-75 필요에 따라 어른에게 도움을 요청한다. SR-76 다른 사람의 덕담에 긍정적인 언어로 응답한다. SR-77 고의가 아닌 실수에 대해 사과한다. SR-78 또래 집단에 속해 있다. SR-79 가장 친한 동성 친구가 있다. SR-80 낯선 사람에게 소개받을 때 적절히 응답한다(예: 상대방이 자신을 소개하면 인사하거나 웃어 보인다).	SA-54 자신보다 어린아이나 애완동물에게 다정하게 대하고 보살핀다. SA-55 힘들어하는 친구를 위로해 준다.	SS-67 어른의 생각을 따른다. SS-68 다른 사람에게 게임이나 활동의 규칙을 설명한다. SS-69 어른의 관심을 받고자 할 때, 자신의 차례를 기다린다. SS-70 교실 내의 규칙과 지시를 따른다. SS-71 역할놀이와 소꿉놀이를 시작하고 지속적으로 한다(예: 집과 아기가 있고, 엄마가 직장으로 출근하는 소재의 놀이).

11단계

60개월~

운동

소근육 운동

움켜잡기/손 뻗기/사물 조작

MF-172 점들을 일렬로 연결한다.

MF-173 정육면체 블록 여섯 개로 피라미드 모양을 모방하여 만든다.

MF-174 실패에 실을 감는다.

MF-175 선을 벗어나지 않고 안쪽에 색칠한다.

MF-176 선을 따라 글자를 쓴다. 글자 모양을 정확하게 쓴다.

MF-177 최소한 신체 부위 여덟 곳이 포함된 사람을 그린다.

MF-178 다이아몬드의 선 모양을 모방하여 선을 연결하여 그린다. (계속)

자세/균형

머리 가누기/앉기/서기

MP-128 눈을 감고 손은 엉덩이에 붙이고 무릎을 구부린 채 한 발로 8초 동안 서 있는다.

MP-129 반듯이 누운 상태에서 재빨리 윗몸일으키기를 한다(20초 안에 네 번 한다).

이행 능력

기기/걷기/달리기/기어오르기

ML-58 손을 엉덩이에 붙인 채 약 4m 50cm를 까치발로 걸어간다.

ML-59 평균대에서 실족하지 않고 약 2m 50cm를 옆으로 걸어간다.

ML-60 평균대 위에서 네 걸음을 걷는다. 손을 엉덩이에 붙이고 보통 걸음으로 걷는다.

ML-61 달리는 속도가 빨라진다.

활동성 운동

던지기/뛰어넘기/차기

MA-59 공을 튕기고 잡는다.

MA-60 25cm 이상 높이 뛰어 줄넘기를 한다.

MA-61 약 3m를 질주한다.

MA-62 6m를 6초 안에 껑충껑충 뛰어간다.

MA-63 공을 차면 약 3m 50cm 높이까지 날아간다.

MA-64 팔굽혀펴기를 20초 안에 7~8회 한다.

MA-65 약 3m를 건너뛰기 한다.

MA-66 약 1m 20cm를 달린 후 구르는 공을 찬다. 공이 약 2m 40cm 날아간다.

MA-67 약 1m 50cm를 계속 움직이면서 공을 찬다. (계속)

11단계

60개월~

운동

소근육 운동	자세/균형	이행 능력	활동성 운동
움켜잡기/손 뻗기/사물 조작	머리 가누기/앉기/서기	기기/걷기/달리기/기어오르기	던지기/뛰어넘기/차기
MF-179 모방하여 블록 10개로 계단 모양을 만든다. 			MA-68 재주넘기를 연달아 세 번 한다. MA-69 제자리에서 약 20cm 높이로 점프한다. MA-70 팔굽혀펴기를 20초 안에 9~10회 한다.

먹 기	자기관리 배변/옷 입기/청결 유지	정리정돈	일상생활
AE-81 칼로 부드러운 음식을 자른다. AE-82 기침이나 재채기를 할 때 코나 입을 가린다. AE-83 섞거나 조리하는 음식의 준비를 돕는다.	AS-71 최소한의 지도만을 요구하며 옷을 입고 벗는 것에 협조한다. AS-72 자신이 입을 옷을 직접 고른다. AS-73 신발 끈을 묶는다. AS-74 도움 없이 목욕을 한다(몸에 비누칠하고 씻는 정도). AS-75 매듭을 묶는다. AS-76 앞치마 끈의 매듭을 푼다. AS-77 옷 뒤쪽에 있는 지퍼를 잠근다. AS-78 리본을 묶는다. AS-79 옷 뒤쪽에 있는 단추와 스냅을 잠근다.	AC-12 한 가지 집안일을 책임지고 한다(예: 꽃 물 주기, 물고기 밥 주기). AC-13 요구하면 자신의 잠자리를 준비한다.	AD-07 다른 사람이 주는 음식이나 돈을 받거나 다른 사람이 차에 타는 것은 위험하다는 것을 이해한다. AD-08 다른 사람에게 전화하기 시작한다. AD-09 교통 신호등과 표지의 규칙을 지킨다(예: 파란불-건너시오, 빨간불-건너지 마시오).

부록

발달 레인보우 프로파일

활용 방법

본 프로파일은 정상범주의 발달에 기초하여 아동의 발달연령을 11개 단계로 범주화하여 각 발달단계에서 기능하는지를 설명하는 데 신뢰성이 높다.
본 프로파일의 활용 방법은 다음과 같다.

1. 발달연령 확인: 현재 아동의 발달연령을 확인한다. 발달 레인보우의 적용 대상은 0~6세 사이 영유아 또는 이와 같은 발달범위에 있는 아동들이다.
2. 단계 확인: 아동의 현재 발달연령에 해당하는 단계를 확인한다[예: 현재 아동이 11개월이라면 4단계(9~12개월), 35개월이라면 8단계(30~36개월)].
3. 발달 레인보우 목록 확인: 발달연령 단계에 포함된, 5개 발달영역별 18개 하위 요인에 구성된 문항을 읽고 현재 하는 행동에 대해 날짜를 기입한다. 여기서 날짜는 작성일 현재에 준한다. 그리고 현재 전혀 하지 못하거나 드물게 관찰되는 행동은 빈칸으로 둔다.

1단계 0~3개월	탐색	기능적 사용	문제해결	사회성	행동	사물	기억	의도성	그리기/쓰기/읽기	가장놀이
	7/2			05 7/2		4/22		7/2		
	03 4/22			04 4/22			01 4/22	02 7/2		
	02 4/22			03 4/22				01 4/22		
	01 4/22			02 4/22						
				01 4/22						
영역	CO 사물 사용			CD 변별/연합/분류			CS 상징적 표상			
	인 지									

＊ 발달 레인보우 프로파일 작성의 예 ＊

부록 발달 레인보우 프로파일

1단계 0~3개월

영역		수준
인 지	CO 사물 사용 — 탐색	07, 06, 05, 04, 03, 02, 01
	CO 사물 사용 — 기능적 사용	
	CO 사물 사용 — 문제해결	
	CD 변별/연합/분류 — 사회성	09, 08, 07, 06, 05, 04, 03, 02, 01
	CD 변별/연합/분류 — 행동	
	CD 변별/연합/분류 — 사물	01
	CS 상징적 표상 — 기억	02, 01
	CS 상징적 표상 — 의도성	05, 04, 03, 02, 01
	CS 상징적 표상 — 그리기/쓰기/읽기	
	CS 상징적 표상 — 가장놀이	
언어/의사소통	LR 수용언어	07, 06, 05, 04, 03, 02, 01
	LP 화용론	05, 04, 03, 02, 01
	LL 언어유창성	06, 05, 04, 03, 02, 01
	LI 모방	
사회/정서	SR 관계행동	10, 09, 08, 07, 06, 05, 04, 03, 02, 01
	SA 자기인식/표현	03, 02, 01
	SS 사회규칙	02, 01
운 동	MF 소근육운동	25, 24, 23, 22, 21, 20, 19, 18, 17, 16, 15, 14, 13, 12, 11, 10, 09, 08, 07, 06, 05, 04, 03, 02, 01
	MP 자세/균형	42, 41, 40, 39, 38, 37, 36, 35, 34, 33, 32, 31, 30, 29, 28, 27, 26, 25, 24, 23, 22, 21, 20, 19, 18, 17, 16, 15, 14, 13, 12, 11, 10, 09, 08, 07, 06, 05, 04, 03, 02, 01
	ML 이행능력	
	MA 활동성운동	
적 응	AE 먹기	05, 04, 03, 02, 01
	AS 자기관리	01
	AC 정리정돈	
	AD 일상생활	

영역		수준	2단계 3~6개월
인 지	CO 사물 사용	탐색	16, 15, 14, 13, 12, 11, 10, 09, 08
		기능적 사용	02, 01
		문제해결	02, 01
	CD 변별/연합/분류	사회성	12, 11, 10
		행동	02, 01
		사물	02
	CS 상징적 표상	기억	04, 03
		의도성	08, 07, 06
		그리기/쓰기/읽기	
		가장놀이	
언어/의사소통	LR 수용언어		13, 12, 11, 10, 09, 08
	LP 화용론		06
	LL 언어유창성		13, 12, 11, 10, 09, 08, 07
	LI 모방		01
사회/정서	SR 관계행동		21, 20, 19, 18, 17, 16, 15, 14, 13, 12, 11
	SA 자기인식/표현		06, 05, 04
	SS 사회규칙		05, 04, 03
운 동	MF 소근육운동		57, 56, 55, 54, 53, 52, 51, 50, 49, 48, 47, 46, 45, 44, 43, 42, 41, 40, 39, 38, 37, 36, 35, 34, 33, 32, 31, 30, 29, 28, 27, 26
	MP 자세/균형		69, 68, 67, 66, 65, 64, 63, 62, 61, 60, 59, 58, 57, 56, 55, 54, 53, 52, 51, 50, 49, 48, 47, 46, 45, 44, 43
	ML 이행능력		
	MA 활동성운동		
적 응	AE 먹기		10, 09, 08, 07, 06
	AS 자기관리		02
	AC 정리정돈		
	AD 일상생활		

3단계 6~9개월

영역	인지									
영역	CO 사물 사용			CD 변별/연합/분류			CS 상징적 표상			
수준	탐색	기능적 사용	문제해결	사회성	행동	사물	기억	의도성	그리기/쓰기/읽기	가장놀이
	26	04	12	14	03	03	07	12	01	
	25	03	11	13			06	11		
	24		10				05	10		
	23		09					09		
	22		08							
	21		07							
	20		06							
	19		05							
	18		04							
	17		03							

영역	언어/의사소통			
수준	LR 수용언어	LP 화용론	LL 언어유창성	LI 모방
	25	09	16	02
	24	08	15	
	23	07	14	
	22			
	21			
	20			
	19			
	18			
	17			
	16			
	15			
	14			

영역	사회/정서		
수준	SR 관계행동	SA 자기인식/표현	SS 사회규칙
	28	10	10
	27	09	09
	26	08	08
	25	07	07
	24		06
	23		
	22		

영역	운동			
수준	MF 소근육운동	MP 자세/균형	ML 이행능력	MA 활동성운동
	77	98	07	
	76	97	06	
	75	96	05	
	74	95	04	
	73	94	03	
	72	93	02	
	71	92	01	
	70	91		
	69	90		
	68	89		
	67	88		
	66	87		
	65	86		
	64	85		
	63	84		
	62	83		
	61	82		
	60	81		
	59	80		
	58	79		
	57	78		
	56	77		
	55	76		
	54	75		
	53	74		
	52	73		
	51	72		
	50	71		
	49	70		
	48	69		
	47	68		
	46	70		
	45			
	58			

영역	적응			
수준	AE 먹기	AS 자기관리	AC 정리정돈	AD 일상생활
	24	03		
	23			
	22			
	21			
	20			
	19			
	18			
	17			
	16			
	15			
	14			
	13			
	12			
	11			

영역	인지										언어/의사소통				사회/정서			운동				적응			
	CO 사물 사용			CD 변별/연합/분류			CS 상징적 표상				LR	LP	LL	LI	SR	SA	SS	MF	MP	ML	MA	AE	AS	AC	AD
수준	탐색	기능적 사용	문제해결	사회성	행동	사물	기억	의도성	그리기/쓰기/읽기	가장놀이	수용언어	화용론	언어유창성	모방	관계행동	자기인식/표현	사회규칙	소근육운동	자세/균형	이행능력	활동성운동	먹기	자기관리	정리정돈	일상생활
4단계 9~12개월	31	06	15	15	05	05	09	18			30	14	20	04	32	15	15	98	114	16		35	04		
	30	05	14		04	04	08	17			29	13	19	03	31	14	14	97	113	15		34			
	29		13					16			28	12	18		30	13	13	96	112	14		33			
	28							15			27	11	17		29	12	12	95	111	13		32			
	27							14			26	10				11	11	94	110	12		31			
								13										93	109	11		30			
																		92	108	10		29			
																		91	107	09		28			
																		90	106	08		27			
																		89	105			26			
																		88	104			25			
																		87	103						
																		86	102						
																		85	101						
																		84	100						
																		83	99						
																		82							
																		81							
																		80							
																		79							
																		78							

영역		수준	5단계 12~18개월
인 지	CO 사물 사용	탐색	33, 32
인 지	CO 사물 사용	기능적 사용	16, 15, 14, 13, 12, 11, 10, 09, 08, 07
인 지	CO 사물 사용	문제해결	22, 21, 20, 19, 18, 17, 16
인 지	CD 변별/연합/분류	사회성	17, 16
인 지	CD 변별/연합/분류	행동	06
인 지	CD 변별/연합/분류	사물	07, 06
인 지	CS 상징적 표상	기억	12, 11, 10
인 지	CS 상징적 표상	의도성	22, 21, 20, 19
인 지	CS 상징적 표상	그리기/쓰기/읽기	03, 02
인 지	CS 상징적 표상	가장놀이	01
언어/의사소통	LR 수용언어		38, 37, 36, 35, 34, 33, 32, 31
언어/의사소통	LP 화용론		22, 21, 20, 19, 18, 17, 16, 15
언어/의사소통	LL 언어 유창성		26, 35, 24, 23, 22, 21
언어/의사소통	LI 모방		11, 10, 09, 08, 07, 06, 05
사회/정서	SR 관계 행동		42, 41, 40, 39, 38, 37, 36, 35, 34, 33
사회/정서	SA 자기 인식/표현		21, 20, 19, 18, 17, 16
사회/정서	SS 사회규칙		29, 28, 27, 26, 25, 24, 23, 22, 21, 20, 19, 18, 17, 16
운 동	MF 소근육 운동		123, 122, 121, 120, 119, 118, 117, 116, 115, 114, 113, 112, 111, 110, 109, 108, 107, 106, 105, 104, 103, 102, 101, 100, 99
운 동	MP 자세/균형		119, 118, 117, 116, 115
운 동	ML 이행 능력		30, 29, 28, 27, 26, 25, 24, 23, 22, 21, 20, 19, 18, 17
운 동	MA 활동성 운동		06, 05, 04, 03, 02, 01
적 응	AE 먹기		47, 46, 45, 44, 43, 42, 41, 40, 39, 38, 37, 36
적 응	AS 자기 관리		13, 12, 11, 10, 09, 08, 07, 06, 05
적 응	AC 정리 정돈		01
적 응	AD 일상 생활		

영역	수준		6단계 18~24개월
인지	CO 사물 사용	탐색	33
인지	CO 사물 사용	기능적 사용	24, 23, 22, 21, 20, 19, 18, 17
인지	CO 사물 사용	문제해결	27, 26, 25, 24, 23
인지	CD 변별/연합/분류	사회성	
인지	CD 변별/연합/분류	행동	07
인지	CD 변별/연합/분류	사물	10, 09, 08
인지	CS 상징적 표상	기억	16, 15, 14, 13
인지	CS 상징적 표상	의도성	27, 26, 25, 24, 23
인지	CS 상징적 표상	그리기/쓰기/읽기	05, 04
인지	CS 상징적 표상	가장놀이	05, 04, 03, 02
언어/의사소통	LR 수용언어		46, 45, 44, 43, 42, 41, 40, 39
언어/의사소통	LP 화용론		29, 28, 27, 26, 25, 24, 23
언어/의사소통	LL 언어유창성		36, 35, 34, 33, 32, 31, 30, 29, 28, 27
언어/의사소통	LI 모방		15, 14, 13, 12
사회/정서	SR 관계행동		51, 50, 49, 48, 47, 46, 45, 44, 43
사회/정서	SA 자기 인식/표현		30, 29, 28, 27, 26, 25, 24, 23, 22
사회/정서	SS 사회규칙		39, 38, 37, 36, 35, 34, 33, 32, 31, 30
운동	MF 소근육운동		130, 129, 128, 127, 126, 125, 124
운동	MP 자세/균형		121, 120
운동	ML 이행능력		39, 38, 37, 36, 35, 34, 33, 32, 31
운동	MA 활동성운동		16, 15, 14, 13, 12, 11, 10, 09, 08, 07
적응	AE 먹기		50, 49, 48
적응	AS 자기관리		20, 19, 18, 17, 16, 15, 14
적응	AC 정리정돈		03, 02
적응	AD 일상생활		01

영역	하위 영역	수준	7단계 24~30개월
인 지	CO 사물 사용	탐색	34
인 지	CO 사물 사용	기능적 사용	29, 28, 27, 26, 25
인 지	CO 사물 사용	문제해결	32, 31, 30, 29, 28
인 지	CD 변별/연합/분류	사회성	18
인 지	CD 변별/연합/분류	행동	10, 09, 08
인 지	CD 변별/연합/분류	사물	14, 13, 12, 11
인 지	CS 상징적 표상	기억	18, 17
인 지	CS 상징적 표상	의도성	31, 30, 29, 28
인 지	CS 상징적 표상	그리기/쓰기/읽기	
인 지	CS 상징적 표상	가장놀이	06
언어/의사소통	LR 수용언어		57, 56, 55, 54, 53, 52, 51, 50, 49, 48, 47
언어/의사소통	LP 화용론		38, 37, 36, 35, 34, 33, 32, 31, 30
언어/의사소통	LL 언어유창성		46, 45, 44, 43, 42, 41, 40, 39, 38, 37
언어/의사소통	LI 모방		18, 17, 16
사회/정서	SR 관계행동		54, 53, 52
사회/정서	SA 자기인식/표현		39, 38, 37, 36, 35, 34, 33, 32, 31
사회/정서	SS 사회규칙		46, 45, 44, 43, 42, 41, 40
운 동	MF 소근육운동		143, 142, 141, 140, 139, 138, 137, 136, 135, 134, 133, 132, 131
운 동	MP 자세/균형		
운 동	ML 이행능력		46, 45, 44, 43, 42, 41, 40
운 동	MA 활동성운동		23, 22, 21, 20, 19, 18, 17
적 응	AE 먹기		59, 58, 57, 56, 55, 54, 53, 52, 51
적 응	AS 자기관리		30, 29, 28, 27, 26, 25, 24, 23, 22, 21
적 응	AC 정리정돈		04
적 응	AD 일상생활		02

영역		수준	8단계 30~36개월
인 지	CO 사물 사용	탐색	34
		기능적 사용	34, 33, 32, 31, 30
		문제 해결	
	CD 변별/연합/분류	사회성	18
		행동	12, 11
		사물	22, 21, 20, 19, 18, 17, 16, 15
	CS 상징적 표상	기억	19
		의도성	
		그리기/쓰기/읽기	09, 08, 07, 06
		가장 놀이	
언어/의사소통	LR	수용 언어	63, 62, 61, 60, 59, 58
	LP	화용론	42, 41, 40, 39
	LL	언어 유창성	56, 55, 54, 53, 52, 51, 50, 49, 48, 47
	LI	모방	19
사회/정서	SR	관계 행동	61, 60, 59, 58, 57, 56, 55
	SA	자기 인식/표현	45, 44, 43, 42, 41, 40
	SS	사회규칙	51, 50, 49, 48, 47
운 동	MF	소근육 운동	150, 149, 148, 147, 146, 145, 144
	MP	자세/균형	123, 122
	ML	이행 능력	49, 48, 47
	MA	활동성 운동	29, 28, 27, 26, 25, 24
적 응	AE	먹기	65, 64, 63, 62, 61, 60
	AS	자기 관리	42, 41, 40, 39, 38, 37, 36, 35, 34, 33, 32, 31
	AC	정리 정돈	06, 05
	AD	일상 생활	

영역	수준	9단계 36~48개월
인지 – CO 사물 사용	탐색	34
인지 – CO 사물 사용	기능적 사용	42, 41, 40, 39, 38, 37, 36, 35
인지 – CO 사물 사용	문제해결	37, 36, 35, 34, 33
인지 – CD 변별/연합/분류	사회성	20, 19
인지 – CD 변별/연합/분류	행동	13
인지 – CD 변별/연합/분류	사물	34, 33, 32, 31, 30, 29, 28, 27, 26, 25, 24, 23
인지 – CS 상징적 표상	기억	27, 26, 25, 24, 23, 22, 21, 20
인지 – CS 상징적 표상	의도성	34, 33, 32
인지 – CS 상징적 표상	그리기/쓰기/읽기	13, 12, 11, 10
인지 – CS 상징적 표상	가장놀이	10, 09, 08, 07
언어/의사소통	LR 수용언어	67, 66, 65, 64
언어/의사소통	LP 화용론	49, 48, 47, 46, 45, 44, 43
언어/의사소통	LL 언어유창성	70, 69, 68, 67, 66, 65, 64, 63, 62, 61, 60, 59, 58, 57
언어/의사소통	LI 모방	22, 21, 20
사회/정서	SR 관계행동	69, 68, 67, 66, 65, 64, 63, 62
사회/정서	SA 자기인식/표현	50, 49, 48, 47, 46
사회/정서	SS 사회규칙	58, 57, 56, 55, 54, 53, 52
운동	MF 소근육운동	163, 162, 161, 160, 159, 158, 157, 156, 155, 154, 153, 152, 151
운동	MP 자세/균형	125, 124
운동	ML 이행능력	53, 52, 51, 50
운동	MA 활동성운동	45, 44, 43, 42, 41, 40, 39, 38, 37, 36, 35, 34, 33, 32, 31, 30
적응	AE 먹기	71, 70, 69, 68, 67, 66
적응	AS 자기관리	59, 58, 57, 56, 55, 54, 53, 52, 51, 50, 49, 48, 47, 46, 45, 44, 43
적응	AC 정리정돈	09, 08, 07
적응	AD 일상생활	04, 03

수준	탐색	기능적 사용	문제해결	사회성	행동	사물	기억	의도성	그리기/쓰기/읽기	가장놀이	LR 수용언어	LP 화용론	LL 언어유창성	LI 모방	SR 관계행동	SA 자기인식/표현	SS 사회규칙	MF 소근육운동	MP 자세/균형	ML 이행능력	MA 활동성운동	AE 먹기	AS 자기관리	AC 정리정돈	AD 일상생활
영역	CO 사물 사용			CD 변별/연합/분류				CS 상징적 표상																	
영역	인지										언어/의사소통				사회/정서			운동				적응			
10단계 48~60개월	34	47	50		15	38	29		21	12	69	51	76	23	74	53	66	171	127	57	58	80	70	11	06
		46	49		14	37	28		20	11	68	50	75		73	52	65	170	126	56	57	79	69	10	05
		45	48			36			19				74		72	51	64	169		55	56	78	68		
		44	47			35			18				73		71		63	168		54	55	77	67		
		43	46						17				72		70		62	167			54	76	66		
			45						16				71				61	166			53	75	65		
			44						15								60	165			52	74	64		
			43						14								59	164			51	73	63		
			42																		50	72	62		
			41																		49		61		
			40																		48		60		
			39																		47				
			38																		46				

영역		수준	11단계 60개월 이상
인 지	CO 사물 사용	탐색	
인 지	CO 사물 사용	기능적 사용	
인 지	CO 사물 사용	문제 해결	
인 지	CD 변별/연합/분류	사회성	
인 지	CD 변별/연합/분류	행동	
인 지	CD 변별/연합/분류	사물	45, 44, 43, 42, 41, 40, 39
인 지	CS 상징적 표상	기억	31, 30
인 지	CS 상징적 표상	의도성	
인 지	CS 상징적 표상	그리기/쓰기/읽기	28, 27, 26, 25, 24, 23, 22
인 지	CS 상징적 표상	가장 놀이	14, 13
언어/의사소통	LR 수용 언어		
언어/의사소통	LP 화용론		
언어/의사소통	LL 언어 유창성		79, 78, 77
언어/의사소통	LI 모방		
사회/정서	SR 관계 행동		80, 79, 78, 77, 76, 75
사회/정서	SA 자기 인식/표현		55, 54
사회/정서	SS 사회규칙		71, 70, 69, 68, 67
운 동	MF 소근육 운동		179, 178, 177, 176, 175, 174, 173, 172, 172
운 동	MP 자세/균형		129, 128
운 동	ML 이행 능력		61, 60, 59, 58
운 동	MA 활동성 운동		70, 69, 68, 67, 66, 65, 64, 63, 62, 61, 60, 59
적 응	AE 먹기		83, 82, 81
적 응	AS 자기 관리		79, 78, 77, 76, 75, 74, 73, 72, 71
적 응	AC 정리 정돈		13, 12
적 응	AD 일상 생활		09, 08, 07

참고문헌

Bayley, N. (1977). *Bayley Scales of Infant Development.* New York, NY: The Psychological Corporation.

Bzoch, K., & League, R. (1970). *The Receptive−Expressive−Emergent Language Scale.* Gainesville, FL: Tree of Life Press.

Dunst, C. J. (1980). *A Clinical and Educational Manual for use with the Uzgiris and Hunt Scales of Infant Psychological Development.* Baltimore, MD: University Park Press.

Folio, M. R., & Fewell, R. R. (1983). *Peabody Development Motor Scale and Activity Cards.* Binham, MA: Teaching Resources.

Furuno, S., O'Reilly, K. A., Hosaka, C. M., Inatsuka, T. T., Allman, T. L., & Zeisloft, B. (1979). *Hawail Early Learning Profile.* Palo Alto, CA: Vort Corporation.

Garland, C. W. (Ed.) (1984). *Early Learning Activity Cards.* Winstion−Salem, NC: Kaplan Press.

Lee, L. (1971). *The Northwestern Syntax Screening Test.* Evanston, IL: Northwestem University Press.

McCarthy, D. (1972). *McCarthy Scales for Children's Abilities.* New York, NY: The Psychological Corporation.

Miller, P. (Ed.) (1982). *Learning Activities for the Young Child.* Winstion−Salem, NCL Kaplan Press.

Uzgiris, I. C., & Hunt, J. M. (1975). *Assessment in Infancy: Ordinal Scales of Psychological Development.* Urhava, IL: University of Illinois Press.

Zimmermna, I. L., Steiner, V. G., & Pond, R. E. (1979). *Preschool Language Scales.* Columbus, OH: Charles E. Merrill Publishing.

찾아보기

저자 소개

Gerald Mahoney(Ph. D.)

- Peabody College of Vanderbilt University, Child development and mental retardation research, 박사
- UCLA, University of Michigan, University of Connecticut, Winthrop University, facuty
- Children's Hospital of Akron and Kent State University, Family Child Learning Center 소장
- 조기중재교육과정: 초학문적 중재 프로그램과 반응성교수(RT)연구 수행
- 현) Case Western Reserve University, MSASS, 교수

Frida Perales(Ph. D.)

- Xavier University, guidance and counselıng, 석사
- Case Western Reserve University, Social Welfare 박사
- 부모 및 전문가 훈련 워크숍, 가정과 기관 중심 조기중재, 자폐아 반응성교수(RT)효과 수행
- 현) Educational Consultant and Research Associate at the MSASS, Case Western Reserve University

역자 소개

김정미(Ph. D.)

(jeongmee@rtinkorea.com; http://www.rtinkorea.com)

- 중앙대학교 심리학과 발달심리전공 박사
- Case Western Reserve University, MSASS, Post-doctoral fellow
- 백석예술대학 사회복지학부 영유아보육전공 조교수
- (주)한솔교육 상무/한솔교육연구원 원장
- 현) 한양대학교 대학원 아동심리치료학과 겸임교수
  (주)한국RT센터 대표
  한국RT협회 회장

❙주요 저 · 역서 및 검사도구❙

- 『RT부모교육』(공저, 창지사, 2013)
- 『아이의 잠재력을 이끄는 반응육아법』(한솔수북, 2017)
- 『부모와 교사를 위한 반응성 교수 교육과정』(역, 학지사, 2008)
- K-CDI 아동발달검사(인싸이트, 2010)
- K-TABS 한국판 영유아 기질 및 비전형 행동 척도(인싸이트, 2013)
- K-MBRS & K-CBRS 부모-아동 상호작용 행동평가(인싸이트, 2013)
- PCT 부모양육특성 검사(인싸이트, 2018)
- CIBT 아동상호작용 검사(인싸이트, 2019)

연령별 영유아 발달 프로파일

발달 레인보우

Developmental Rainbow

2010년 6월 15일 1판 1쇄 발행
2024년 11월 20일 1판 11쇄 발행

지은이 • Gerald Mahoney · Frida Mahoney
옮긴이 • 김 정 미
펴낸이 • 김 진 환
펴낸곳 • (주) 학지사
04031 서울특별시 마포구 양화로 15길 20 마인드월드빌딩 5층
대표전화 • 02) 330-5114 팩스 • 02) 324-2345
등록번호 • 제313-2006-000265호

홈페이지 • http://www.hakjisa.co.kr
인스타그램 • https://www.instagram.com/hakjisabook

ISBN 978-89-6330-387-1 93370

정가 35,000원

역자와의 협약으로 인지는 생략합니다.
파본은 구입처에서 교환하여 드립니다.